Para

_____

De

_____

Fecha

_____

Las Batallas Del Alma Adicta

(Las adicciones que no son reconocidas como adicción)

Apóstol Dr. Mario H. Rivera

&

Pastora Luz Rivera

Publicado por
LAC Publications
Derechos reservados

© 2023 LAC Publication (Spanish Edition)
Primera Edición 2023
© 2023 Mario H. Rivera y Luz Rivera
Todos los derechos reservados.

ISBN: 979-8-985-92823-5

© **Mario H. Rivera y Luz Rivera**
Reservados todos los derechos

Ninguna porción ni parte de esta obra se puede reproducir, ni guardar en un sistema de almacenamiento de información, ni transmitir en ninguna forma por ningún medio (electrónico, mecánico, de fotocopias, grabación, etc.) sin el permiso previo de los editores. La única excepción es en breves citas en reseñas impresas.

Diseño de la portado: Juan Luque

Impreso en USA (Printed in USA)
Categoría: Guerra Espiritual

Índice

1 **Capítulo**

La Sinopsis del Alma

- Sinopsis
- La fenomenología del alma
- La patología del alma
- Miedo patológico
- Deseos patológicos
- Preocupación patológica
- Duelo o dolor patológico
- Celos patológicos
- Realidades entre liberado y libre
- La ciencia de la esclavitud

2 **Capítulo**

La Paradoja del Alma

- Los Asientos del Alma
- Ejemplos de Paradoja del Alma

3 **Capítulo**

Lo Oculto a La Vista

- Consecuencias del estancamiento espiritual
- La contradicción del alma
- Batallas por yugos
- Las batallas interiores
- El pecado que habita en el interior como materia prima
- El diseño original pero con deformación

4 Capítulo

Alma Adicta

- Las batallas del alma en el tiempo final
- Cinco clases de hombres
- ¿Qué es una adicción?
- Las adicciones y el cerebro

5 Capítulo

Entendiendo Las Adicciones del Alma

- Alma adicta
- Alma adicta a la vida impía
- Alma adicta a la idolatría
- Alma adicta a la maldad

- La génesis de las adicciones de las sensaciones equivocadas del alma
- La primera mención
- Los químicos del placer
- El alma adicta es anhedonica
- La memoria de los placeres
- El aprendizaje del placer
- La necesidad primitiva del placer
- Los principios del discernimiento del placer
- ¿Cómo identificar si es un placer legítimo?
- El precio del placer ilegítimo

6   Capítulo

La Generación Anhedonia

- Los peligros de no reconocer los placeres
- La operación anhedonia
- La operación de remover la hedónia natural
- Distribución integral
- Placer natural
- El núcleo accumbens
- Placer bajo manipulación
- Creyente anhedonico

- La generación

7 Capítulo

La Operación Jurídica de Las Tinieblas Contra El Alma Adicta

- El alma adicta enfrenta 3 dimensiones
- Realidades entre liberado y libre
- La operación de remover la hedónia natural
- Las adicciones del siglo XXI
- La pérdida del placer y la adicción
- Los pecados y práctica que aumentarán
- Fuerzas incontrolables y los pecados del fin
- Los pecados y prácticas que aumentarán
- Adictos a sensaciones equivocadas
- Consecuencias de las emociones adictas
- Alma adicta a la vida impía
- Alma adicta a la maldad
- Alma adicta a la idolatría
- Alma adicta al dinero o materialista

8 Capítulo

Las Batallas del Alma Adicta

- La batalla contra la adicción
- La escatología del alma
- Los adictos a las sensaciones equivocadas
- Las condiciones del cerebro de un adicto (SPECT)
- El nacimiento de la adicción
- Definiendo los placeres
- La bioquímica del placer
- Las adicciones y el cerebro
- Las batallas contra las adicciones
- Las rehabilitación del alma
- La memoria de los placeres
- Adictos a sensaciones equivocadas
- Los principios del discernimiento del placer

INTRODUCCIÓN

Posiblemente te hayas preguntado, ¿por qué tanto enfoque con el alma si al final lo que cuenta es el espíritu, considerando que la Biblia dice que Dios es el Padre de los espíritus?, sin embargo también dice la Biblia, hablando Jesús directamente en **Mateo 8:36-27**, que de nada le sirve la vida al hombre si pierde su **alma**. También puedes ver otra referencia en **Job 2:4**, en este caso es el adversario diciéndole a Dios que, todo lo que el hombre tenga, dará por su **vida**; la mayoría de biblias así tradujeron ese versículo, otras versiones traducen **alma**, siendo esta segunda la correcta, porque cuando estudias con los diferentes diccionarios bíblicos, encuentras que la palabra **vida**, está haciendo referencia al **alma**, porque, si bien es cierto que el alma es parte de tu ser integral y que como tal, te constituye en un ser tripartito, también debes saber que dimensionalmente, tiene una función muy importante para comunicar 2 dimensiones, esto es entre el espíritu humano y el cuerpo humano.

Puedo decir entonces que el espíritu humano es el que recibe la instrucción del Espíritu Santo, asimila lo que recibe y se lo traduce al alma para que sepa qué es lo que Dios Padre desea ver en el corazón del alma y que de esa forma sean manifiestas en el cuerpo; de esa forma estaría trabajando todo tu ser como los engranajes de un reloj convencional, uno mueve a otro y ese otro al otro, sin importar su tamaño, para que al final haya una coordinación que sirva para representar la hora por medio de 3 agujas. El problema es cuando un engranaje no trabaja como es debido, entonces el reloj no marca la hora correcta. Así podría ejemplificar el funcionamiento de tu ser integral en espíritu, alma y cuerpo, con uno que no esté de acuerdo, habrá incomodidad interna; aunque ese tipo de cosas no las logres detectar tan fácilmente.

¿Cómo podría dejar de funcionar adecuadamente todo tu ser?, la Biblia hace referencia en **1 Pedro 2:11** acerca de las pasiones carnales que combaten tu alma, por supuesto que solamente el alma no haría mayor cosa, necesita el cuerpo para encontrar un nivel de placer que lo lleva entonces a otro nivel, porque, no es solamente alma ni solamente cuerpo, sino que, en conjunto llegan a conformar la carne, siendo esto a lo que se refiere la Biblia cuando habla de los deseos de la carne y la mente; tu espíritu humano seguirá en comunión con Dios, recibiendo Su instrucción para tu vida, pero habrá una batalla interna en ti porque no hay un acuerdo en común.

Gracias a Dios que llegas a ese desacuerdo entre tu espíritu y la carne, por supuesto que esa condición es porque tu espíritu después de haber estado muerto en delitos y pecados, cuando Jesús entró a tu vida, lo resucitó y empezó el trabajo con el alma y el cuerpo; tiempo de mucha batalla interna porque hay una parte de ti que busca la santidad y otra que busca las pasiones que te hacen pecar. El problema es que por ese desacuerdo espíritu-almático, es donde entra en escena la patología del alma porque la oposición que representa tu espíritu es muy fuerte, detiene al alma a que siga en aquellas situaciones que no son agradables a Dios, aunque a veces la batalla la gane el alma, no habrá una satisfacción total por la oposición de tu espíritu.

De ese punto en adelante es donde surgen las adicciones del alma porque encuentra mayor deleite en las pasiones carnales, que en la instrucción espiritual. Considera entonces que al decir adicciones del alma, no puede ser una adicción de lo que se ha vuelto común porque no es una adicción a sustancias que desequilibran al ser humano, sino que, son adicciones a cualquier cosa que le puede producir placer o deleite de una forma desenfrenada, totalmente desubicada de la realidad que debería tener, me refiero a un estado de santidad agradando a Dios, un estado en el que reciba la instrucción del espíritu, el alma la asimile adecuadamente y el cuerpo manifieste ese gozo por obedecer la voz de Dios.

Este libro está enfocado en mostrarte la realidad del por qué de tus batallas internas para que no las sigas librando en silencio y en lo oculto, sino que, busques ayuda para alcanzar a ser verdaderamente libre en Cristo Jesús.

Apóstol Mario Rivera

La Sinopsis de Las Batallas Del Alma

Capitulo 1

Debes saber que no existe nadie más que conozca mejor de tu alma, que Dios Padre, así como tampoco existe otro recurso de investigación más amplio, profundo y preciso acerca de tu alma, que la Biblia tiene registrado 314 veces en 299 versículos la palabra alma; de manera que esa es la razón por la cual el Espíritu Santo me ha llevado a titular este primer capítulo como lo habrás notado: **LA SINOPSIS DE LAS BATALLAS DEL ALMA**, debido a que, a través de los años, Dios me ha permitido ministrar a Su pueblo en general y aún de forma personalizada en ministraciones y liberaciones, donde el factor común siempre ha sido problemas en el alma.

Es entonces lo que encontrarás en el desarrollo de este libro; una generalidad del alma y que ampliaré en cada uno de los capítulos de este libro, hasta comprender las batallas del alma que todos hemos atravesado o quizá estemos atravesando; cada uno de diferente forma pero batallas en el alma al fin.

Pero, si no aprendes a este respecto, tampoco sabrás cómo defenderte porque mientras haya falta de conocimiento en determinadas áreas de tu vida, prevalecerá el abuso del cual puedo decir que es inevitable. De manera que si no reconoces que necesitas la restauración de tu alma, nadie podrá ayudarte a la manera como Dios lo hace a través de una delegación.

Para empezar a sentar las bases de este primer capítulo, te enseñaré desde el principio del significado de este término:

Sinopsis

Es el esquema o exposición gráfica de los puntos generales de un tema o materia.

Aunado a esto considero necesario hacer mención que, en mi calidad de escritor de literatura de guerra espiritual, he sido llevado por Dios a que utilice ciertos términos de forma repetitiva con el propósito que tú, siendo un habido lector de la palabra de Dios, encuentres la importancia de palabras para que sean grabadas en tu memoria, corazón y alma; razón por la cual encontrarás de igual forma la repetición de la palabra alma, no solamente lo que ya describí como dato estadísticamente bíblico, sino de lo que puedes encontrar en este libro.

Pero entonces, ¿de dónde viene el concepto de la palabra alma?, obviamente de su creador, Dios; y que en el principio se encontró de 2 formas muy importantes:

EN HEBREO

NEFESH (código de referencia H5315 en el Diccionario Strong en términos hebreos).

Génesis 2:7 Formó, pues, Jehová Dios al hombre del polvo de la tierra, y alentó en su nariz soplo de vida; y fue el hombre en **alma** viviente.

Esta es la primera vez que se menciona la palabra alma en la Biblia; de manera que la palabra alma tiene por lo menos una antigüedad desde hace más de 6,000 años. De ahí la acertada frase del psicólogo alemán Hermann Ebbinghaus (1850–1909): *la psicología tiene un largo pasado pero una historia reciente.*

Eso permite ver que es un tema con suma importancia del cual es necesario tener la perspectiva bíblica y no solamente desde una ciencia social como la psicología y psiquiatría.

Adicionalmente a esto, en el mismo versículo puedes ver la palabra **viviente**:

JAYA (código de referencia H2416 en el Diccionario Strong en términos hebreos).

Todo esto significa que, originalmente el alma tenía la vida superior de más allá; eso significa que cuando Dios creó la humanidad, en determinado momento hubo el deseo que pudieras comprender eso precisamente, que tienes en tu ser una entidad con vida que viene de más allá, no cualquier tipo de existencia, sino una vida de más allá; eso me deja ver entonces que al unir los 2 términos, **NEFESH** y **JAYA** esta significando: la vida superior de arriba; eso es lo que Dios depositó en el ser humano.

Su importancia es tal, de manera que es el ente que intercala entre 2 dimensiones: lo espiritual y lo físico, de ahí entonces que eres un ser tripartito porque tienes cuerpo, alma y lo más profundo del ser humano es el espíritu, pero el punto a donde deseo llevarte aquí es que el alma es quien intercala entre 2 dimensiones: lo físico o material y lo celestial; el espíritu obviamente pertenece a una dimensión espiritual, pero de igual manera es celestial.

Entonces, si tu espíritu es celestial, en ti existe una parte celestial, una parte divina sin que seas divino, siendo la razón por la que Dios siempre quiso estar en conexión con Su creación, en este caso con la humanidad a través del espíritu humano porque Dios es Padre de espíritus **(Hebreos 12:9)**. Es tu espíritu quien tiene la solvencia y facultad para poderse comunicar con Dios, que es Espíritu y tu alma tiene la facultad en determinado momento para palpar lo físico a través del cuerpo, así como tener esa comunicación con lo divino que está arriba.

Ese es el potencial de tu alma, a tal grado que ni los ángeles tienen ese potencial porque no tienen alma, por esa razón ellos no conocen acerca de la redención, porque la redención de tu ser, está enfocada en la zona del alma la cual funge en determinado momento como una especie de termómetro para la glorificación de tu ser integral, porque debes saber que cuando seas glorificado, no será solamente tu cuerpo sino también tu alma.

Por eso tu alma, quien lleva el mayor impacto de tu vida emocionalmente hablando, me refiero a emociones por problemas como alegrías, tristezas o cualquier otra cosa que esté impactando tu alma; necesita ser capacitada al no saber procesar lo que experimenta porque en su origen, fue diseñada para tener esa vida superior de más allá, de manera que Dios la creó como un ente mucho más frágil de lo que no puedes imaginar; tan es así, que es más frágil que el cuerpo y tan sensible a la vez, para poder sentir la presencia de Dios, por esa razón es que el objetivo más importante para el reino de las tinieblas, es el alma, por la razón que ya describí.

Esa es una situación que Satanás conoce, por esa razón es que siempre está buscando dañar el alma por medio de cualquier evento que él considere dañino a tu vida, con el propósito de cambiar el ritmo de tu vida y desenfocarte de aquellos propósitos positivos, más aún, aquello que está estrechamente vinculado con tu comunicación con Dios, aquello que estás enfocado en alcanzar como parte de tu vida devocional o santidad a Dios.

EN GRIEGO

PSUCHE (código de referencia G5590 en el Diccionario Strong en términos griegos).

No detallaré más información en este punto porque aquí lo que sucede es una traducción al idioma griego pero su origen es el mismo.

En el idioma ingles es el término **PSYCHE**, muy parecido a la traducción griega; pero es de esta palabra de donde se deriva la palabra **PSICOLOGÍA**, la cual se define como la ciencia social que estudia todo aquello relacionado con el alma; pero no estoy refiriéndome a eso, principalmente porque la psicología tiene una fecha de inicio, sin embargo el alma viene de más allá y en cuanto a tiempo, por lo menos tendría más de 6,000 años; no así la psicología, de manera que si bien es cierto que para este tiempo la ciencia ha avanzado en gran manera, cumpliéndose con esto la profecía bíblica, tampoco podría decir que llegará a tener más de 6,000 años de antigüedad como podemos decir que tiene el alma.

Vuelvo a citar el hecho entonces que, el alma es algo que le confiere solamente a Dios, es un punto ministerial, de la Iglesia, del creyente en Dios Padre, Hijo y Espíritu Santo, es un asunto de redención por medio de la sangre del Señor Jesucristo y que debes darle la importancia necesaria porque es como un termómetro donde llega el momento en que, si sube el indicador puede causarte desequilibrio, de igual manera si baja ese mismo indicador; por eso es necesario tener un equilibrio el cual solamente el Espíritu Santo puede ayudarte a tener en la medida que se lo permitas.

Por eso, si no le prestas atención a los asuntos del alma, podrías estar en constante batallas internas todos los días con cualquier cosa por la misma razón de lo sensible que puede ser para percibir, tanto lo terrenal como lo celestial; de manera que, cuando alguien te habla con un tono de voz desagradable a tus oídos, sea esto con un tono de imponencia o de cualquier otra forma, lo primero que llega a tu vida es una incomodidad, incluso ese sentir difícilmente lo podrás olvidar durante el día, menos aún si estás en comunicación con esa persona que tuviste cierta desavenencia.

El problema con esto es que, quizá esa situación la percibió tu alma de otra persona de la que nunca esperabas recibir eso, pero llegó ese momento porque el alma de la otra persona, posiblemente también tiene algun conflicto interno y no estaba en su mejor momento para saludarte y no midió el tono de su voz, de manera que lo percibiste incómodo y eso mismo te dejó otro conflicto; pero el punto es la sensibilidad que puede tener el alma en general, tanto la tuya como la de las personas que te rodean en el lugar donde te mueves o vives.

Jesús mencionó el tema del alma diciendo lo siguiente:

Marcos 8:36-37 Pues, ¿de qué le sirve a un hombre ganar el mundo entero y perder su **alma**? [37] Pues ¿qué dará un hombre a cambio de su **alma**?

Puesto en palabras contemporáneas podría decir: ¿de qué sirve ser una persona exitosa en el ámbito secular, si eso le provocará perder su alma?

Así como Adán, que debía conquistar el mundo, ejercer dominio; pero dañó su alma con la desobediencia y pecó, de la misma forma sucede hoy. Tienes un propósito definido por Dios en tu vida, tu alma más enfáticamente, tiene una tarea por el privilegio que tiene en cuanto a la sensibilidad en 2 dimensiones, pero al convertirse en blanco fácil del adversario, pierde su objetivo divino y de pronto se encuentra en un punto incomodo constantemente porque está situada donde no le corresponde;

sencillamente por esa razón entra el alma en una contienda interna.

Jesús hizo conciencia muy profunda, de cómo en Adán te conviertes en alma viviente por el poder que le había conferido, y cómo fue que en el momento cuando Adán pecó, afectó su alma y murió gradual e íntegramente en espíritu, alma y cuerpo. De manera que el alma es a lo que en la Biblia se refiere como el **YO**, pero el concepto del **YO** se ha alejado tanto de lo bíblico en los últimos siglos.

Observa la siguiente cita, haciendo referencia su escritor como alguien que nunca encubrió las diferencias etapas por las que atravesó su alma; al punto que si deseas conocer un personaje que estando en una buena posición, teniendo todo el respaldo de Dios y que El dijo en determinado momento que ese personaje era conforme a Su corazón y que se agradó de él, dándole tanto; entonces observa lo que escribe David, porque en los Salmos se da a entender que todo aquello que giraba a su alrededor y que le era contrario a la promesa que le había dado, sencillamente le estaba impidiendo recibir la promesas de Dios.

David tenía promesas de parte de Dios que aún no había recibido, pero estaba consciente que había algo que le obstaculizaba recibirlas, ese impedimento lo tenía en el alma con situaciones que no había detectado. Por eso es que, cuando David escribe algunos Salmos donde involucra su alma, puedes notar que es hasta entonces cuando él reconoce las situaciones de su alma y empieza a trabajar internamente en pos de ser liberado y restaurado. Por eso considero que este Salmo describe un punto que muestra claramente esa situación:

Salmo 139:13-15 (LBA) Porque tú formaste mis entrañas; me hiciste en el seno de mi madre. **14** Te alabaré, porque asombrosa y maravillosamente he sido hecho; **maravillosas son tus obras, y mi alma lo sabe muy bien**. **15** No estaba oculto de ti mi cuerpo, cuando en secreto fui formado, y entretejido en las profundidades de la tierra.

David está llevando esa reflexión a la parte más profunda de su vida por cuanto dice claramente que su alma lo sabe muy bien; pero cuando dice que lo **sabe**, esa palabra no es el conocimiento intelectual sino que, está refiriéndose a una dimensión llamada **mente**. Debes saber que la dimensión de la mente no es lo mismo que el cerebro; David no está diciendo que gracias a su inteligencia humana él conoce las maravillas de Dios, sino que lo está haciendo a través de su mente, en esa dimensión sensitiva entre lo celestial espiritual y lo material.

Otro punto que puedo resaltar en esta misma cita, es que, el alma en su origen, en la predestinación, en la preexistencia, en el tiempo donde no había sido producido su cuerpo y que no había llegado a la Tierra; en el momento en que no tenía el nombre con el que sus padres biológicos lo nombrarían, ni siquiera sabía el alma los rasgos físicos que llegaría a tener; en ese momento cuando su alma estaba en su estado original; era extraordinaria.

Piensa por un momento en qué habilidades podría tener el alma en su estado original, porque Adán, siendo alma viviente; tuvo el dominio sobre todos los animales, tanto terrestres, como los que vivían en el agua y los que volaban; podría decir que Adán tenía esas características en su cuerpo dirigidas por al alma viviente; de otra manera no podía dominarlos; ¿cómo iba a dominar a un animal que se sumergía en el agua si Adán no podía nadar o no podría controlar su respiración para poder descender a las profundidades?, ¿cómo podía dominar a los animales que volaban si Adán no podía volar? Eso me deja ver que el alma en su estado original, era extraordinaria; por eso es que Satanás está muy interesado en el alma de todas las personas, principalmente en el alma de la gente que forma la Iglesia de Cristo.

Pero todo esto sería en cuanto a la capacidad motriz; sin embargo a lo que David está refiriéndose a la experiencias con Dios las cuales llegan a través del espíritu, porque como ya lo mencioné, uno de los privilegios del alma es el hecho de tener la conexión entre lo visible o tangible, con lo invisible o intangible; ese privilegio de tener comunión con Dios por el espíritu humano y a la vez poder palpar la realidad física a través del cuerpo humano.

Una vez tienes el entendimiento del potencial de tu alma, ahora es importante que comprendas por qué vienen a tu vida los ataques de parte de las tinieblas, qué es lo que el enemigo busca con cada vivencia negativa que se queda grabada en tu subconsciente.

Satanás busca impedir que te desarrolles en el propósito de Dios, porque si esos ataques te llevan a determinadas reacciones provocadas de forma negativa, eso impedirá que aprendas a reflexionar el cómo eres en realidad, por qué eres lo que eres y lo que puedes llegar a alcanzar en Dios, de lo contrario sería entonces vivir una vida de lamentaciones con la atadura que Satanás llegue a poner en tu alma con determinados estigmas para hacerte pensar que eres en lo negativo lo que no eres en realidad.

Insisto en el hecho que tu alma fue hecha por las manos de Dios de una forma maravillosa como lo dice David en la cita anterior. Pero entonces de pronto surgen otros escritos, que con el transcurrir de los tiempos y cómo la revelación que Dios ha permitido acerca de la creación humana que representas, los hombres la han asimilado, y los traductores de la Biblia empiezan a plasmar otra realidad, permiten ver que hubo un cambio radical en el alma, porque entonces el Apóstol Pedro dice que debes abstenerte con las pasiones que combaten contra el alma:

1 Pedro 2:11 Amados, os ruego como a extranjeros y peregrinos, que os abstengáis de las **pasiones carnales que combaten contra el alma**.

Pareciera contradictorio, primero David escribe del alma como una obra maravillosa, ahora el Apóstol Pedro habla de abstenerse de las pasiones que combaten contra el alma; a esto se le llama: **fenomenología.**

Ahora resulta que cuando **Génesis 2:7** está haciendo referencia al alma viviente o la vida superior de más arriba, nunca se habló de pasiones; cuando David hace referencia a lo maravilloso de su alma, tampoco está añadiendo el ingrediente de las pasiones que combaten contra el alma. De pronto surge el versículo de **1 Pedro 2:11** diciendo claramente que existen pasiones carnales de lo cual puedo decir que, es muy posible que haya otro ente a la existencia; porque como has de recordar, tu ser integral está compuesto por espíritu, alma y cuerpo; ese es el orden jerárquico, pero entonces la palabra carnal se deriva de la palabra carne, la cual viene del término griego **SARX**.

Por otro lado, cuando ves la palabra pasión, la cual hace que el ser tripartito (espíritu, alma y cuerpo), parecería que se le ha formado el cuarto ente; no estoy diciendo que eres un ser de 4 entes, sino que, el alma de una persona que no recupera el diseño original, cede los derechos para que su vida sea calificada como un ser carnal. Dicho en otras palabras, cuando un cristiano domina sus pasiones o no permite que las pasiones combatan con su alma, sino que las destruye, entonces el alma es reconocida como alma espiritual, considerando que alguien espiritual no es una persona que se siente en una postura de flor de loto o que se vista con determinada vestimenta ni mucho menos; no es eso a lo que me refiero.

El espiritual es una persona que domina las pasiones, a manera que no sea calificado como un carnal porque si las pasiones dominan tu alma, surge un nuevo calificativo porque es un cristiano influenciado por su propia carne, lo cual debes saber que cuando la Biblia hace referencia a carne, no es el cuerpo. La palabra carne viene de una idea de que el alma estando ahora en Cristo, congregándose, sigue sujeta a las pasiones carnales.

Alguna vez te has preguntado: ¿alma mía, estás casada con mi cuerpo?, si la respuesta es positiva, habrá problemas porque el espíritu humano nunca podrá dirigir los otros 2 entes, o sea, alma y cuerpo, a la manera de Dios; de manera que el cristiano siempre estará en peligro de experimentar problemas en su caminar. Por eso es que, cuando estudias la Biblia, lo primero que debes hacer es, estar seguro que tu alma no tiene dominado el cuerpo, con el propósito que el espíritu, una vez reciba la información de Dios, pueda dirigir órdenes al alma y a su vez el alma ordene al cuerpo, de manera que puedas vivir una vida sin necesidad de desear las pasiones carnales, sino que vivas deleitándote con las bendiciones, experiencias, con los impactos de Dios en tu vida.

¿Alguna vez te has dicho a ti mismo, después de haber estado alabando y adorando a Dios: ¡que presencia de Dios tan exquisita!?, si has experimentado eso, es porque tu alma se ha estado deleitando en la presencia de Dios, está descubriendo los efluvios del Espíritu Santo, estás experimentado una paz que sobrepasa todo entendimiento, te produce seguridad, confianza, te produce la experiencia de una vida diferente a la que viviste en el mundo. El problema es que, cuando eso se ha perdido, es necesario saber el por qué se ha perdido y es cuando empiezan las batallas internas porque una parte de ti quiere hacer la voluntad de Dios, quiere buscar Su presencia, pero otra parte quiere seguir sumergida en el pecado.

La Fenomenología del Alma

Podría decir entonces que la transformación de positiva a negativa o viceversa, es lo que se conoce como fenomenología del alma, aunque una definición más exacta lo dice de la siguiente forma:

Ciencia de los fenómenos físicos o psíquicos, en su génesis y en sus manifestaciones en el tiempo y en el espacio.

Por eso la formación o deformación del alma es conocida como una fenomenología.

Muchas cosas que hoy forman la personalidad se deben a las experiencias negativas o positivas en las personas. Cuando el alma está desequilibrada o deformada, se niega a muchas cosas normales consideradas en el diseño original de Dios, principalmente porque está contaminada por Satanás y la está esclavizando a que su potencial lo utilice para lo negativo a manera de poder matar el alma a través de engaños, haciendo todo aquello que es desagradable a los ojos de Dios.

Considera que todo lo que el alma esté dispuesta a realizar, repercutirá en el cuerpo, todo lo que conserva negativamente el alma, tendrá influencia en el cuerpo para dañarlo. Por supuesto que todo lo positivo en el alma, igualmente tendrá una repercusión en el cuerpo.

Un ejemplo a este respecto lo puedo citar de la siguiente forma: una mujer puede embellecerse en su casa cuando su esposo la sigue enamorando, le lanza cumplidos como si la estuviera enamorando como la primera vez, eso hace que ella se sienta con el deseo de embellecerse para gustarle a su esposo. Otro ejemplo lo puedo citar cuando una persona le está diciendo a una flor, que está dando lindos colores o que huele bien, etc., esa planta se sentirá alagada y continuará dando bonitas flores. De igual manera, lo que está en el alma, repercute en el cuerpo.

Cuando el Señor Jesucristo estuvo en la Tierra en calidad del cordero de Dios, dijo que el ladrón, haciendo referencia al diablo, había venido para matar, robar y destruir; pero El había venido para dar vida y vida en abundancia, esa abundancia está refiriéndose a la restauración del alma porque hablar de abundancia no es solamente referirse a lo económico o material en general, sino abundancia de salud física, emocional, sentimental, mental, sabiduría, entendimiento, etc., todo aquello que llega al cuerpo con una vinculación del alma restaurada.

De aquí surge la interrogante, si el Señor Jesucristo dijo que El había venido para darte todo eso: ¿lo tienes?, quizá lo tengas pero con limitaciones porque tu alma no está totalmente liberada, entonces debes seguir conociendo lo que llevas en el alma con el propósito de despojarte de esas ataduras en pos de alcanzar el diseño con el que Dios creó tu alma.

Esto podría decir que ha sido el camino del alma:

1.- Formación: estado original. (el trabajo de Dios en la preexistencia)

2.- Deformación: estado consecuente a la caída. (el trabajo de Satanás en la Tierra)

3.- Reformación: volver al estado original. (el trabajo del Señor Jesucristo y el Espíritu Santo a través del sacrificio de Jesús derramando en la cruz del calvario Su sangre redentora)

Ahora bien, el núcleo de todo esto se encuentra en que existe un vínculo entre tu alma y tu mente, porque el alma no se restaura si no se reforma antes la mente. ¿Quieres restaurar tu alma al diseño original de Dios? Eso sucederá en la medida que estén cambiando tu forma de pensar, ¿por qué?, porque no se puede separar la mente del alma. Recuerda que la mente no está en el cerebro en calidad de órgano, sino que la mente es una dimensión.

Habrás escuchado que los problemas del cerebro son por problemas en la mente, lo cual es cierto pero tiene sus considerandos, porque es tan cierto como el hecho que eres un ser trino, tienes un cuerpo físico y dos invisibles, entiéndase con esto el alma y el espíritu; de manera que en el cuerpo cabe tu alma y tu espíritu. Por eso es que en términos de entendimiento, se le atribuye que el alma tiene las mismas características del cuerpo físico, parecería que existe una enseñanza anatómica, física o del cuerpo, pero también hay una enseñanza anatómica, espiritual del alma y otra enseñanza que es anatómica del espíritu.

De manera que, si tu cuerpo tiene lengua, orejas, ojos, etc., tu alma también, un ejemplo lo puedo citar en **Lucas 16:19-31** cuando se hace mención del rico en el Hades y de Lázaro en el seno de Abraham; puedes notar que hablaban como si fuera con el cuerpo humano; aunque su cuerpo físico se quedó en una tumba, su espíritu humano regresó a Dios, pero el alma estaba en una dimensión donde el alma de Abraham y el hombre rico tienen una conversación, aunque no estaban del mismo lado como puedes notarlo en la cita que te mencioné, porque el alma de la persona que muere irredento, sin haber aceptado a Jesús como su único salvador; lo llevan al Hades y el que muere estando en Cristo, lo llevan al paraíso.

En determinado momento puedes ver que el hombre rico le pide a Abraham que envíe a Lázaro para que moje con agua su lengua; entonces ahí puedes ver que el alma tiene lengua, pero también se puede ver tácitamente que tenían memoria, cuerpo, etc., pero el cerebro se destruyó en el sepulcro, se hizo polvo; entonces ¿con qué estaban pensando?, con la mente; de manera que si alguien no trabaja en pos de cambiar su forma de pensar y de desechar aquellos malos recuerdos que le han producido rencor, odio, resentimiento, etc., al momento de morir, se irá con esa memoria en la mente de su alma.

Por eso es importante que trabajes en el cambio de tu forma de pensar porque si mueres así, te iras recordando tus fracasos, tus dolores, tus pasiones carnales, etc., tu cerebro se quedará con todo el cuerpo físico, pero la mente te la llevas a donde Dios designe que te corresponde estar. Si logras el cambio de mente, podrás cambiar tu alma, si cambias tu alma, podrás cambiar tu vida, el entorno que te rodea.

Cuanta razón tienen estos versículos:

Filipenses 3:12-14 (LBLA) No que ya *lo* haya alcanzado o que ya haya llegado a ser perfecto, sino que sigo adelante, a fin de poder alcanzar aquello para lo cual también fui alcanzado por Cristo Jesús. ¹³ Hermanos, yo mismo no considero haber*lo* ya alcanzado; pero una cosa *hago:* **olvidando lo que *queda* atrás y extendiéndome a lo que *está* delante,** [14] **prosigo hacia la meta para *obtener* el premio del supremo llamamiento de Dios en Cristo Jesús**.

Considera que si hay algo en lo que debes dejar de pensar porque pueden ser pensamientos de recuerdos pecaminosos que posiblemente tu alma anhela; debes trabajar en pos de despojarte de todo eso y seguir hacia la meta, alcanzar el diseño original de Dios en tu alma.

¿Por qué debes cambiar tu forma de pensar? Porque eso te definirá en tu interior como lo describe la Biblia:

Proverbios 23:6-7 (RV) No comas pan de *hombre de* mal ojo, ni codicies sus manjares: [7] **Porque cual es su pensamiento en su alma, tal es él**. Come y bebe, te dirá; mas su corazón no está contigo.

Podría agregar que de tal manera es tu pensamiento es tu alma, tu forma de ver las cosas, de interpretar las cosas que escuchas, tu forma de hablar, etc., por eso es sumamente importante que cambies tu forma de pensar, que evoluciones al diseño original de Dios para que estés dentro de ese propósito por el cual viniste a la Tierra; de manera que si has detectado malos pensamientos, entonces los puedas eliminar en el nombre de Jesús para que verdaderamente seas un templo donde more el Espíritu Santo.

Quiero mencionar nuevamente la interrogante del por qué el Apóstol Pedro hace mención de las pasiones que combaten el alma, porque bíblicamente a eso se le llama de la siguiente forma:

La Patología Del Alma

1 Pedro 2:11 Amados, os ruego como a extranjeros y peregrinos, que os abstengáis de **las pasiones carnales que combaten contra el alma**.

Cuando investigas en un diccionario secular, puedes encontrar que la palabra patología se refiere a aspectos de enfermedad, es lo que permite estudiar los síntomas en general por cuanto patología es entonces el estudio de una enfermedad, sus orígenes, derivaciones, etc. Entonces resulta que el término patología es muy usado en el ámbito médico, pero es más profundo de lo que no te puedes imaginar, porque nadie puede comprender la patología del alma, si no descubre las pasiones del alma. Por eso es muy interesante el hecho que la palabra patología tiene su origen en una palabra de donde se origina el estudio de los problemas en las emociones, en el estado de los pensamientos.

Ahora observa este dato estadístico:

En el Nuevo Testamento, existen 4 palabras para hablar de pasión:

- ✓ **Pasión G1939 epithumia o epidsumía**: concupiscencia, deseo, pasión; (específicamente por lo prohibido (de ese deseo es de donde se deriva otro deseo): desear, codicia, pasión.

- ✓ **edone G2237**: pasión, placer.

- ✓ **jomoiopathes G3663**: sujeto a pasiones.

- ✓ **pathos G3806**: pasión, desordenado (cuando los deseos están sin límites).

De estas 4 palabras, la más peligrosa con relación a las pasiones es **pathos G3806**, es de donde se deriva el término médico, patología, está en la Biblia; por supuesto que debes bogar mar adentro y profundizar en la Biblia para encontrar todo este tesoro de información que, si le permites al Espíritu Santo, puedes encontrarlo para enriquecerte espiritualmente y consecuentemente saber a qué te estás enfrentando para que de igual forma pueda batallar en el nombre de Jesús con el escudo de la fe y la espada del Espíritu que es la palabra como esta que Dios te está permitiendo aprender.

De pathos se crea la palabra patológico:

- ✓ **Pathos**: enfermedad.

La patología es la parte de la medicina que se dedica al estudio de las enfermedades en forma microscópica o en determinar el diagnóstico de una enfermedad por medio del microscopio.

Patógeno del griego:

- ✓ **patho**: dolencia o afección,
- ✓ **guen**: generar, 'producir

También llamado agente patógeno, agente biológico patógeno o comúnmente conocido como germen, capaz de producir alguna enfermedad o daño en un huésped.

- ✓ Logos: estudio o tratado.
- ✓ Trata con enfermedades microscópicas, enfermedades desarrolladas por un organismo.

Sin embargo, originalmente la palabra patología tenía la interpretación del estudio de las emociones o el estado de ánimo, por ejemplo: el estado de ánimo de los pacientes enfermos de la depresión, ¿cuál será realmente el origen de esas depresiones?, seguramente por todo el cúmulo de emociones que llevan en el alma.

Por otro lado también puedo mencionar lo siguiente:

Pathos de la mentalidad griega | patológico la originó Hipócrates:

- ✓ Pathos: emoción, estado de animo, pasión.

- ✓ Logos: estudio o tratado.

- ✓ Estudio de las emociones y sentimientos.

Puedes ver entonces que originalmente no significaba enfermedad física, sino que, estaba enfocada en el estudio propiamente de emociones, al estado de ánimo; razón por la cual el Apóstol Pedro hace referencia a las pasiones carnales que combaten el alma. Debo hacer énfasis e insistir en que, debes ponerle atención a esto y analizar tu vida en cuando a aquellas pasiones que sabes que no son propias de tu vida, sino, una contaminación del mundo, con el propósito que las puedas eliminar, puedas apartarte de ellas, de lo contrario seguirá siendo aquello que te estará impidiendo que alcances el diseño original que Dios estableció desde el principio en tu alma.

Según el diccionario bíblico Thayer, dentro de sus acepciones, se encuentra lo siguiente:

- ✓ Un sentimiento que sufre la mente.
- ✓ Una aflicción de la mente, emoción, pasión.
- ✓ Obra apasionada.
- ✓ Utilizado por los griegos, ya sea en un sentido bueno o malo.
- ✓ En el NT en un mal sentido, la pasión depravada, pasiones viles.

Con cuanta razón la Biblia señala como una forma de ataque de las tinieblas, algunas situaciones pero en el nivel de una pasión:

Santiago 1:14-15 Sino que cada uno es tentado cuando es llevado y seducido por su **propia pasión**. ¹⁵ Después, cuando la pasión ha concebido, da a luz el pecado; y cuando el pecado es consumado, engendra la muerte.

La palabra pasión del griego Phatos, bíblicamente significa:

- ✓ Gobernado por sus propios deseos, sentimientos, sentires.

- ✓ Deseos que no tienen límites, entiéndase con esto: desenfrenado.

- ✓ Deseos ilegítimos.

Con esto puedo ver entonces que, si existe el gobierno de los propios deseos, de los propios sentimientos y de los propios sentires, implícitamente puedo ver que existe un porcentaje de influencia en cada una de las áreas de cada persona, el cual es el 33% de razonamiento por el espíritu y 66% de emociones por el alma y el cuerpo; por eso es de suma importancia controlar lo que tienes en el alma, porque dependiendo para donde se incline la balanza, ese será el resultado de tu vida.

Una emoción nunca estará desconectada de la manera como te sientas; siempre se tiene esa situación, desde que te levantas por la mañana hasta que vuelves a acostarte por la noche, estás influenciado por tus emociones; depende de lo que contengas en el alma y en la mente cada vez que te levantas al amanecer, así será tu día. Si te acostaste con una preocupación, de manera que también estuvo toda la noche en tu mente; significa que dormiste, pero no reposaste, porque cuando duermes y estás preocupado; eso dio lugar para que al día siguiente surgiera un esquema suficientemente bajo la influencia de la preocupación que continúo durante la noche, de manera que te puedes levantar más cansado, de la noche anterior cuando te fuiste a dormir.

Por eso es que no se puede vivir sin estar impactado por las emociones, porque las emociones le responden a tu mente la cual a la vez impacta tu alma; de manera que, si tus emociones impactan tu alma, significa que tus pensamientos no quedarán exentos de ese impacto en la mente. Entonces tus pensamientos están vinculados con las emociones y con la mente, consecuentemente con tu alma lo cual repercute en tu cuerpo.

Por eso, nadie puede tener una mente saludable si tiene emociones que están afectadas drásticamente; nadie puede tener malos pensamientos y pretender tener una mente saludable y emociones saludables sin que repercuta en el cuerpo, como ya lo mencioné; pero lo insisto porque resulta que el alma es una esfera.

El alma tiene mente, voluntad, emociones y sentimientos; esto es porque Dios así la diseñó por la sencilla razón que el alma es el ente que intercala entre dos dimensiones, la espiritual celestial y la física o material a través del cuerpo. El privilegio del alma sería que interpretaría el gozo de Dios, Su alegría, Su paz lo cual son espíritus que El te ministra pero es necesario que haya un debido discernimiento.

Por supuesto que el primero que lo recibe es tu espíritu humano para trasladárselo al alma, pero si el alma no está habilitada para interpretar lo que el espíritu le está trasladando; habrá un conflicto interno; pero si el alma está por lo menos en proceso de regresar al diseño original de Dios para lo cual fue creada, entonces cuando el espíritu le traslade al alma todo el gozo de Dios, lo recibe igualmente con gozo y el deseo de trasladárselo al cuerpo de manera que sin importar que puedas estar en la tormenta más fuerte de tu vida; habrá un estado de ánimo extraordinario por la sinergia que esto puede cobrar en tu ser interior.

De manera que todos los que te rodean, posiblemente conocerán de tus problemas, pero no sabrán todo el proceso interno que has llevado por haber comprendido el beneficio de trabajar desde tu mente con desarraigar tu alma de todo tipo de pasión desenfrenada por el mal; ese cambio de mente que describe la Biblia para adoptar la mente de Cristo será reflejada en tu vida física. La gente verá en tu rostro la alegría de Dios, Su gozo en tu corazón, la paz que estás experimentando por lo que sobrepasa todo entendimiento humano, porque quizá sigan los problemas, pero el cambio que has buscado te llevó a otra dimensión buscando el diseño original de Dios.

Es por eso que, dependiendo de lo que haya en el alma, se verá reflejado en el rostro de una persona, incluso en todo su cuerpo habrá una manifestación de lo que lleva dentro; si es alegría, se verá en su rostro, aún en su forma de caminar, de sentarse, etc., pero si lleva una batalla que lo está venciendo, igualmente se verá reflejado en su ser.

Con todo esto no estoy diciendo que el hecho de tener deseos sea pecado, el problema es tener deseos ilegítimos, los legítimos que no confabulen contra la voluntad de Dios la cual es tu santificación; eso te es permitido, por ejemplo: el deseo de servirle a Dios en determinada área de la congregación, el deseo de ser un predicador de la palabra de Dios, el deseo de ser ministro de orden primario, etc., pero eso sería dentro de lo que se involucra directamente con Dios, pero también hay deseos legítimos que están dentro del orden de Dios como el hecho de contraer matrimonio, tener tu propia familia, realizar un viaje vacacional en familia, etc., considera que si es tu espíritu humano el que está dirigiendo tu vida y no tu alma, entonces estarás caminando en un alto porcentaje bajo la voluntad de Dios.

Debes comprender que una cosa es que tus deseos te controlen y otra es que tú controles tus deseos; no debes permitir que aquella situación se convierta en algo patológico al punto que de deseo se convierta en un miedo a nivel patológico. Observa la diferencia entre esto último que estoy exponiendo, pero siempre relacionado con la patología:

Miedo patológico:

Cuando el miedo normal se vuelve patológico se pueden desarrollar problemas psicológicos importantes como ansiedad, ataques de pánico, fobias y obsesiones.

Miedo patológico es un término que se usa para hacer referencia a fobias, a miedos que superan un umbral que propician que la persona en cuestión no sólo se bloquee, sino que además se vuelva incapaz de reaccionar de manera acorde a lo que está sucediendo. De ahí que ese individuo pueda experimentar una absoluta sensación de pánico.

Deseos patológicos:

Deseos que no tienen límites. Pueden llevar a que se conviertan en deseos ilegítimos, consecuentemente a esclavitud de aquello que no se puede dejar de depender.

Preocupación patológica:

La preocupación es una reacción automática para resolver los problemas. La preocupación ha sido considerada durante mucho tiempo como otro componente de la ansiedad.

Duelo o dolor patológico:

Cuando el duelo o dolor por la pérdida de una persona permanece demasiado tiempo y cuando los mecanismos de defensas naturales para superar la pérdida, parecen fallar; la persona podría encontrarse ante un duelo patológico.

Celos patológicos:

Los celos pueden ser explicados como una emoción intensa que es experimentada cuando hay un deseo exagerado de poseer de forma exclusiva a su pareja. Se consideran celos patológicos cuando una persona invierte más del 30% de su actividad diaria, en encontrar pruebas que justifiquen su comportamiento.

Por supuesto que es necesario estar constantemente en comunión con Dios para que no caigas en una falsa justificación del por qué haces determinada acción, porque podría ser que alguien esté usando el cristianismo como una excusa para pensar y decir que no hay más necesidad de que se ejecute en la vida de una persona, una obra de perfección, porque mientras estén en la Tierra, siempre habrá algo que debas perfeccionar y cuidar aquello que ya alcanzaste. Por eso es necesario que aprendas estas realidades:

Realidades Entre Liberado y Libre

Jesús trajo a la discusión entre Sus discípulos el tema de la libertad en un tiempo donde "ya no existía la esclavitud y la cautividad impuesta por Egipto y Babilonia", eso marca la realidad de la diferencia entre liberado y libre. Aquellos judíos eran descendientes después de 430 años, del pueblo que físicamente había sido esclavo de Egipto; de manera que cuando Jesús aparece entre ellos después de 2,000 años y les dice que no eran libres, se inicia una discusión porque la mente de los judíos descendientes del pueblo que había sido esclavo; tenían la vaga idea de lo que era ser verdaderamente libre.

- ✓ Los israelitas habían sido liberados de la esclavitud de 400 a 430 años en Egipto y los 70 años de cautividad en Babilonia, y Jesús les dijo que no eran libres.

- ✓ Después de 2,000 años Jesús viene y les habló de la esclavitud.

✓ El Apóstol Pablo, después de Cristo habló de la esclavitud.

✓ El Apóstol Pedro, después de Cristo habló de la esclavitud.

✓ El Apóstol Juan, después de Cristo, en Apocalipsis habló de la esclavitud final.

Juan 8:33 Ellos le contestaron: Somos descendientes de Abraham y nunca hemos sido **esclavos** de nadie. ¿Cómo dices tú: «Seréis **libres**»?

Juan 8:35 TKI Ahora, un esclavo no permanece con la familia para siempre, pero un hijo sí permanece con ella para siempre.

Lo que estoy significa es que, si alguien ha sido liberado, pero no libre, está en riesgo de apartarse de Dios, pero si alguien ha sido libre, sin importar lo que suceda, seguirá con Dios en el orden que El desea para una vida cristiana.

Romanos 8:2 Porque la ley del Espíritu de vida en Cristo Jesús te ha **libertado** de la ley del pecado y de la muerte.

- ✓ Cuando recibes a Jesús como tu Señor y Salvador, ahí fuiste liberado del pecado y de la muerte.

- ✓ Pero necesitas ver la condición que Jesús estableció para ser libres. Igual que Israel alguien podría estar muy lejos de ser libre.

Juan 8:31-33 (LBLA) Entonces Jesús decía a los judíos que habían creído en Él: Si vosotros permanecéis en mi palabra, verdaderamente sois mis discípulos; **32 y conoceréis la verdad, y la verdad os hará libres.** 33 Ellos le contestaron: Somos descendientes de Abraham y nunca hemos sido esclavos de nadie. ¿Cómo dices tú: «Seréis libres»?

Dicho en otras palabras, ellos no reconocían que eran esclavos literalmente, pero lo traían arraigado en todo su ser, principalmente en su mente porque no conocían la verdadera libertad. La herencia de esclavitud es la que debían romper para ser libres y que las pasiones que combaten contra su alma, no vuelvan a atentar contra ustedes.

La Ciencia De La Esclavitud

- ✓ Jesús utilizó el conocimiento de los efectos de la esclavitud.

- ✓ La ciencia de la esclavitud es la que permite que se prolongue por milenios y alcance a muchas generaciones, solamente conociendo la verdad se puede romper y ser libre verdaderamente.

La razón de la prolongación de la esclavitud

Esto se debe a que la esclavitud es un sistema que abarca y crea estragos en los siguientes ángulos.

- ✓ Ángulo psicológico
- ✓ Ángulo neurológico
- ✓ Ángulo bioquímico
- ✓ Ángulo biológico
- ✓ Ángulo genético
- ✓ Ángulo espiritual
- ✓ Ángulo hormonal
- ✓ Ángulo conciencia

Es necesario abordar todas estas facetas en donde la esclavitud se fabrica de tal manera que podrás comprender los efectos a largo plazo. Quizá has sido libertado, pero aún no eres libre si no has conocido verdaderamente la libertad en Cristo Jesús.

Si hablo del ángulo genético, seguramente no sabes qué fue lo que te heredaron tus tatarabuelos, porque no los conociste o quizá si, pero no sabes que herencia traían ellos de sus tatarabuelos y de esa manera muchas generaciones atrás que finalmente algo que no había sido manifestado en toda esa línea ancestral, sino hasta que resulta en ti y nadie de tus familiares que te rodean tiene una explicación porque desconocen que sucedió hace muchos años y ese **ADN** fue heredado de generación en generación hasta que llegaste tú y se manifestó cierta situación patológica física o espiritual o ambas.

Esto sin contar de las herencias psicológicas de las cuales está comprobado que se pueden heredar los traumas; quizá en la línea ancestral en la que estás alguien fue esclavo del miedo a determinada situación, algo que es totalmente anormal y que de igual forma que lo genético, no se había manifestado hasta que llegaste tú porque dentro del plan de las tinieblas, sabían que es en ti que habrá la posibilidad de un verdadero guerrero espiritual del ejército de Dios y es entonces donde se manifiesta toda esa herencia física y espiritual para estorbarte, pero hoy estás teniendo la oportunidad para ser verdaderamente libre.

Si en determinado momento detectas que hay cierta inestabilidad en tu vida, hoy estas buscando a Dios y mañana te alejas de El; eso es un indicativo que tienes problemas en tu alma y que necesitas ser verdaderamente libre.

Para ser libres

Juan 8:32 ...y conoceréis la verdad, y la verdad os hará libres.

- ✓ Este es el secreto para ser libre de la contaminación del pecado, de los vestigios del pecado, de la enfermedad y todas las maldiciones heredadas.

- ✓ Ahora es un asunto de conocimiento de la verdad que se encuentra en Jesús.

- ✓ No es solamente tener información, sino que, es un asunto de aprendizaje de la voluntad de Dios en ti.

- ✓ El conocimiento de la verdad es la que te califica para la libertad.

- ✓ Cuando eres esclavo otros te gobiernan y te manejan.

- ✓ Cuando eres libre te gobiernas y te manejas a ti mismo en una vida santa.

- ✓ La salvación te liberó, pero la verdad te hace libre.

- ✓ Ser liberado es inmediato.

- ✓ La verdad que te hace libre es una jornada.

- ✓ La libertad es más difícil que la esclavitud.

- ✓ No todos aman la verdad, no todos incrementan el conocimiento, no todos aprenden la verdad, no a todos les gusta el conocimiento.

- ✓ Cuando no se ha alcanzado la libertad o el ser libre, es como vivir con parámetros invisibles alrededor de la vida, con limitaciones, cíclicamente, con desánimos, etc.

Cuando eres libre

Dios pone tu vida en tus propias manos para que la gobiernes y lo hagas en libertad.

¿Te consideras apto para manejar tu propia vida en libertad?

Si sabes manejar tu vida, significa que eliges que hacer con tu vida.

Deuteronomio 30:19 Al cielo y a la tierra pongo hoy como testigos contra vosotros de que he puesto ante ti la vida y la muerte, la bendición y la maldición. **Escoge**, pues, la vida para que vivas, tú y tu descendencia...

Deuteronomio 28:1-2 Y sucederá que si obedeces diligentemente al SEÑOR tu Dios, cuidando de cumplir todos sus mandamientos que yo te mando hoy, el SEÑOR tu Dios te pondrá en alto sobre todas las naciones de la tierra. ² Y todas estas bendiciones vendrán sobre ti y te alcanzarán, si obedeces al SEÑOR tu Dios:

Deuteronomio 28:15 Pero sucederá que si no obedeces al SEÑOR tu Dios, guardando todos sus mandamientos y estatutos que te ordeno hoy, vendrán sobre ti todas estas maldiciones y te alcanzarán:

Tres Puntos Diferentes y Relacionados A La Vez

- ✓ **Liberado**: saliendo de la esclavitud del reino de las tinieblas.

- ✓ **Libre**: descontaminado, desatado, desacondicionado del cautiverio.

- ✓ **Libertad**: gobiernas tu mismo tu vida de acuerdo a lo que el Espíritu Santo te guie.

1 Corintios 6:12 Todas las cosas me son lícitas, pero no todas son de provecho. Todas las cosas me son lícitas, pero yo no me dejaré dominar por ninguna.

Valorar tu alma significa desprenderte de una realidad que no puede definirte. Cuando te liberas de tu pasado estás liberándote de aquella realidad que en algún momento te hizo vivir padeciendo, sufriendo, siendo esclavo de las tinieblas; pero Jesús vino para que alcanzaras a ser liberado, que fueras libre y consecuentemente alcanzaras la verdadera libertad; Jesús derramó Su sangre para que alcances a tener el diseño original con el que un día te creó por amor.

Hay muchas cosas que aun falta alcanzar, es por eso que Dios hoy está permitiendo que sigas siendo equipado para formar parte de Su grupo de guerreros de luz, pero para eso es necesario que recuperes el dominio propio y disfrutes en libertad lo que te rodea; recuerda, eres liberado para ser libre y disfrutar de la libertad, no de libertinaje, sino de la verdadera libertad.

La Paradoja Del Alma

Capítulo 2

Con cada capítulo que lees y estudias de este libro, estás afirmando el firme deseo que hay en tu corazón para alcanzar el pleno entendimiento que te llevará al punto de saber responder a lo que en momentos puedes experimentar en tu caminar cristiano; porque no puedes negar que hay situaciones en la vida en las que de pronto no sabes por qué respondes de determinada manera, el carácter o actitud con el que enfrentas algunos momentos de tu vida, de dónde pueden estarse manifestando, peor aún, después te puedes preguntar por qué razón hiciste o respondiste de aquella forma si no era eso lo que querías hacer.

De manera que cuando escuchas a personas que están reflexionando a ese respecto, son personas que están congregándose constantemente, le sirven a Dios, personas de buen testimonio como tú; sin embargo existen momentos en tu caminar en que surge algo diferente de lo cual te contristas, lo cual puedo decir que es bueno porque eso significa que tus actitudes están saliendo de tu vida, por supuesto que se manifiestan esos malos momentos, pero a la vez llegas a notar que no está bien porque hay algo dentro de ti que reconoce que no está bien. Por eso mismo es que Dios desea ayudarte para saber como salir delante de esas situaciones y ganar la batalla interna de tu ser en el nombre de Jesús.

La Paradoja del Alma

Cuando hablo de la paradoja del alma, estoy intentando entender acerca de la contrariedad que existe en mi vida y las cosas que están relacionadas con lo que mi alma hace, refiriéndome a que si mi alma podría tener el dominio de mi cuerpo, entonces actuará negativamente ante situaciones adversas en la vida, aunque pronto venga el arrepentimiento, sin embargo la mala actitud o respuesta ya tuvo lugar y puedo haber ofendido a cualquier persona. Por supuesto que ahí es donde tiene lugar el pedir perdón, etc., pero no es ese el punto, sino que, la paradoja entre lo que quiero hacer y termino haciendo lo contrario.

Por supuesto que esta situación tiene mucha importancia en la estabilidad emocional de una persona, en su perseverancia, en su avance sobre aquellas cosas que anhela; porque cuando está en su mejor nivel de vida, avanza enormemente hacia la meta de aquel supremo llamamiento, pero de pronto sucede algo con aquella persona y sucede que su ritmo le ha cambiado porque tiene batallas internas que lo han contrariado. De aquí puedo decir entonces que el mayor enemigo que alguien puede tener, después de Satanás; es uno mismo.

Considera que, para que haya un ataque de las tinieblas contra tu vida, Satanás tuvo que solicitarle permiso a Dios y El, sabiendo que todas las cosas ayudan a quienes lo amamos; lo autoriza porque aquella situación causará disgusto interno y eso mismo servirá para reflexionar en lo que se ha estado haciendo para entonces enmendarlo, apartarse y volver al camino; dicho en otras palabras, el diablo es siervo de Dios aunque él no lo acepte; le sirve a Dios haciendo que Sus ovejas vuelvan al redil huyendo del diablo y buscando el oportuno socorro del buen pastor, el Señor Jesucristo y el Espíritu Santo como consolador para que nadie se quede a medio camino de regreso a la casa de Dios Padre.

Cuando hago mención acerca de que Satanás debe pedirle permiso a Dios para zarandearte, estoy refiriéndome a que el reino de las tinieblas debe presentar un argumento de peso delante de Dios en la esfera espiritual, en el área jurídico-espiritual, debe ser un argumento debidamente documentado para presentarlo en la corte celestial, donde existe un escenario como lo existe en lo físico; está la intervención de un juez que aplica la ley, un fiscal, un abogado que defiende, testigos, un tribunal, donde hay gente que llega para estudiar los casos y que una vez estén todos de acuerdo, entonces emitan una sentencia.

Todo esto en una corte suprema de justicia que está disponible las 24 horas del día, es lo mismo que sucede en el cielo porque todo el tiempo hay casos que se están procesando, porque hay muchos casos que están siendo presentados delante del juez justo, Dios Padre; pero todos, la mayoría de esos casos pueden ser ganados a favor de aquellos que están siendo acusados por Satanás.

¿Por qué digo que pueden ser ganados esos casos a favor de los acusados? Porque si el acusado confiesa su pecado y se aparta del mal, alcanza misericordia; el abogado por excelencia, el Señor Jesucristo derramó Su sangre en la cruz del calvario, la cual sigue fresca, sigue vigente para perdonar los pecados del arrepentido; de manera que, por más fuerte que pretenda ser una acusación, no es más poderosa que la sangre de Jesús.

Recuerda que Jesús es Dios, es Hijo de Dios Padre; entonces ese abogado es hijo del juez, ambos justos y es entonces cuando entra el poder de la justicia divina la cual es más poderosa que todas las acusaciones de Satanás, por eso digo que los acusados que confiesan y se apartan del mal, alcanzan misericordia y su caso es ganado en la corte suprema de justicia celestial.

Por supuesto que si la persona que está siendo defendida de la acusación del diablo no confiesa su pecado ni se aparta del mal, entonces Dios autoriza la zaranda del diablo sobre aquella persona, pero El lo valida porque tiene un propósito de bendición para el hijo pródigo sabiendo que a su momento reaccionará de su mal camino y volverá al redil del buen pastor, el Señor Jesucristo.

La Biblia menciona que en cierto momento Jesús le dice a Pedro lo siguiente:

Lucas 22:31-33 (RV 1960) Dijo también el Señor: Simón, Simón, he aquí **Satanás os ha pedido para zarandearos** como a trigo; **32 pero yo he rogado por ti, que tu fe no falte**; y tú, una vez vuelto, confirma a tus hermanos. **33** El le dijo: Señor, dispuesto estoy a ir contigo no sólo a la cárcel, sino también a la muerte.

Lo primero que puedes ver es que Satanás pidió a Pedro para zarandearlo, lo segundo es que Jesús no se opuso, sino que, El rogó para que la fe de Pedro no faltara porque en medio de la tormenta parecería que las fuerzas se van, la fe desfallece creyendo que Dios se olvidó de ti; pero el abogado por excelencia, como parte de su abogacía, pide que tu fe no falte; pero nuevamente puedes ver que todo eso tuvo lugar en una corte celestial.

Otro punto es que cuando pasa el tiempo de la zaranda; tuviste que alcanzar el nivel suficientemente espiritual para poder alentar a los que puedan estar entrando en una prueba. Porque el propósito de la prueba no es para dañarte, sino para que te sirva de confirmación y saber que verdaderamente has aprendido en el nivel espiritual en el que estás y consecuentemente puedes subir a otra esfera espiritual donde los enemigos serán más fuertes también.

Es interesante que en otras versiones de la Biblia dicen que el adversario fue el que pidió a Pedro para zarandearlo; pero lo que deseo resaltar es que la palabra adversario, según los diccionarios bíblicos significa: el que se te opone en una corte de justicia. Por eso Jesús no le dijo que se opondría ante la solicitud del adversario, sino que, El ya había rogado para que la fe de Pedro no faltara.

Otro ejemplo lo puedes ver cuando Satanás se filtra en un desfile de los hijos de Dios y cuando llega delante de Dios El le pregunta de dónde llegaba y le responde que había estado rodeando la Tierra; entonces Dios le pregunta si ya había visto a Su siervo Job y que no había otro como él, entonces Satanás le responde que seguramente era porque Dios lo tenía rodeado de protecciones, aún más, Satanás le dice que le quitara Su protección y entonces vería cómo Job lo maldeciría.

Conoces la historia y todo lo que padeció Job, pero el punto a donde quiero llegar es que, Satanás siempre buscará la forma de cómo obtener la autorización de parte de Dios para zarandear a quien él cree que lo puede hacer por tener el derecho jurídico-espiritual en sus manos.

Recuerda que la zaranda no es para destruir tu vida, es para que botes toda esa basura que a veces no te deja avanzar al siguiente nivel de tu vida espiritual, te está impidiendo evolucionar, de manera que es ahí donde puedo decir que Satanás es siervo de Dios aunque él no lo reconozca. Por eso mismo es que entonces el enemigo más grande que puedes tener, después de Satanás, eres tu mismo, porque si el adversario logra debilitarte, serás tú mismo quien seguirá debilitándose, por eso dice la Biblia en Miqueas 7:5 …cuídate de la que duerme a tu lado… pero no está refiriéndose a la esposa porque no está hablando de los hombres que tienen esposa, sino que, está refiriéndose a tu alma.

Pero entonces lo que esto significa es que debes tener cuidado de tu alma porque puede ser que aún no haya estado restaurada, aunque esté en proceso, puede ser que aún tenga mucha influencia en tu vida por todo lo que viviste en el mundo antes de llegar a los pies de Cristo. Es de suma importancia el hecho de aprender a reconocer tu propia alma, porque no es posible que a estas alturas de la vida, donde tenemos toda la convicción de que muy pronto subiremos a las nubes para el encuentro con nuestro Señor Jesucristo y resulta que no conocemos lo que llevamos en el alma. Es como decir que una pareja de esposos, después de 45 años de casados no conocen los gustos uno del otro.

El problema es que, posiblemente por la misma razón del desconocimiento que cada persona lleva en su alma, de pronto resulta que viven en contienda con su cónyuge, aunque tengan muchísimos años de vivir juntos, por la misma razón del desconocimiento de su alma, viven en conflicto de matrimonio. Eso es muy lamentable, pero ahora piensa por un momento que tu alma ha estado contigo todos los días de tu vida y a cada instante, sin embargo, podría ser que de pronto empiezas a ver reacciones que no sabías que tenías, sencillamente por falta de conocimiento de tu alma.

Los Asientos Del Alma

Por ejemplo: difícilmente podría decir que todos tienen el conocimiento de los asientos del alma, considerando con esto que el alma es una dimensión, sus bases se asientan en lo siguiente:

1.- voluntad.
2.- emociones.
3.- sentimientos.
4.- mente.

Pero eso no se queda ahí, porque cada uno de esos asientos tiene ramificaciones de lo cual también puedo decir que difícilmente es de conocimiento de toda la cristiandad. Ahora bien, si hay desconocimiento de todo eso que debería decir son conocimientos básicos, ¿qué puedo decir entonces cuando pregunto acerca de la paradoja del alma?

Por eso debes saber que la mitad de tu persona la ocupa tu alma y la otra parte no estás seguro de qué es, pero obviamente que eres tú; esa otra mitad de tu contrariedad fue fabricada en alguna etapa de tu vida, porque eso que en determinado momento llega a contrariarte, no es de tus orígenes, sino que, se formó a raíz de una situación adversa, surgió como un argumento psicológico, como decir que es producto de un mecanismo de defensa que tu ser interior tuvo que generar para protegerse y así no volver a sufrir. También podría ser para aparentar ante la sociedad en general, pero realmente es otra persona.

Un ejemplo a ese respecto lo puedo citar de la siguiente forma: una persona fracasó en la vida tratando de buscar una pareja con quién contraer matrimonio; no lo logró y en cambio se amargó por todo lo que le ocasionaron en ese intento, sentimentalmente está destrozado o destrozada y de pronto resulta que compone canciones y las canta para exponer todo ese sufrimiento que no ha podido sanar en su alma, pero al realizar ese tipo de acciones, siente que se está beneficiando para no volver a pasar por lo mismo; pero realmente lo que puede llegar a suceder es que, su problema al prolongarse sin buscar una salida a ese malestar en el alma, aquello entonces legalmente se puede convertir en una paradoja del alma.

A estas alturas de lo que llevas leyendo, podrías pensar que todo eso no puede ser así, porque quizá no has vivido nada comparado a eso; sin embargo, cuando estudias la Biblias, puedes ver versículos que muestran esa situación, por la cual considero que debes estudiar y ponerle mucha atención porque nadie está exento de cualquier tipo de ataques de las tinieblas en forma directa al alma.

Mateo 6:22-23 La lámpara del cuerpo es el ojo; por eso, si tu ojo está sano, todo tu cuerpo estará lleno de luz. **23** Pero si tu ojo está malo, todo tu cuerpo estará lleno de oscuridad. **Así que, si la luz que hay en ti es oscuridad**, ¡cuán grande será la oscuridad!

Si analizas lo que resalté en esta cita, puedes decir que no tiene sentido, no es lógico porque para la lógica humana, lo bueno es bueno y lo malo es malo, no puede haber luz de tinieblas ni tinieblas de luz; ese sería el razonamiento humano; para ti una luz, aunque sea artificial, puede disipar la oscuridad y si se apaga esa luz, sencillamente habrá oscuridad. De manera que entonces lo que resalté en la cita anterior, puedo decir que es una paradoja.

Por supuesto que esa palabra es para toda la Iglesia de Cristo, porque ahí Jesús está hablando para que hoy te hagas un examen del alma y saber si realmente lo que hay en ti es luz de Jesús o quizá seas como una bombilla, pero pintada de oscuridad y eso no deja que brille verdaderamente la luz interna. Porque dice la Biblia que tú y yo somos la sal de la Tierra y la luz del mundo; entonces ¿por qué no podemos brillar como es debido?

Por supuesto que a nadie le gusta pensar en esa situación, todos queremos que nos digan que sienten la presencia de Dios cada vez que se nos acercan; lamentablemente hay una parte obscura dentro de cada cristiano, que difícilmente la podemos detectar.

Esto es como lo que las fábricas automotrices han puesto en marca en cuanto a los colores más modernos, porque hoy en día resulta que hay carros que los pintan de color negro, en una tonalidad que no es perceptiva a los ojos de los demás, peor aún, en la noche son menos detectables en el lugar donde estén parqueados. Eso es muy parecido a lo que estoy explicando con relación a lo que dice la cita anterior.

Mateo 6:22 (Amplificada) "El ojo es la lámpara del cuerpo; así que si tu ojo es limpio [espiritualmente perceptivo], todo tu cuerpo estará lleno de luz [que se beneficia de los preceptos de Dios]. **23** Pero si tu ojo es malo [espiritualmente ciego], todo tu cuerpo estará en tinieblas [desprovisto de los preceptos de Dios]. Entonces, **si la [misma] luz dentro de ti [tu ser interior, tu corazón, tu conciencia] es oscuridad**, ¡cuán grande y terrible es esa oscuridad!

¿Cómo comprendo esta paradoja?

2 Corintios 6:14 No estéis unidos en yugo desigual con los incrédulos, pues ¿qué asociación tienen la justicia y la iniquidad? ¿O **qué comunión la luz con las tinieblas**?

¿Puede tener la luz, tinieblas?, no estoy hablando de Dios por cuanto El es luz, recuerda que Dios no puede ser tachado de nada; estoy refiriéndome a la luz que hay en ti, ante la falta de conocimiento de tu alma, porque es ahí donde se anidan ambas cosas aunque sin tu conocimiento y consentimiento, de manera que ante la falta de conocimiento del poder que puedas llevar dentro de ti, las tinieblas que también están manipulando tu alma, puede manifestarse haciendo estragos en tu vida porque tampoco sabes que las tienes. Esto es tan cierto que incluso esa manifestación a través del alma puede contrariar a todo lo que eres en Dios como una persona espiritual, madura, hijo de Dios, lleno de luz y sabiduría, pero de pronto podrías estar haciendo algo opuesto a todo eso.

Por esa razón, de pronto puedes sentirte que estás en las alturas y cuando menos lo sientes, estas en los niveles más bajos de la vida espiritual. ¿Por qué hay cristianos que a veces los vemos galopando por la nubes, muy espirituales, y de pronto, con una sencillez que los lastime, los deja sentados sin deseos de hacer nada? Incluso eso puede dar lugar a que haya cristianos que no quieran seguir en los caminos de Dios, tirando por la borda todo aquello que han hecho en la obra de Dios, menospreciando así el sacrificio de Jesús en la cruz del calvario, cayendo entonces en una paradoja de su alma.

Es posible que en determinado momento fuiste un cristiano que todos veían con la unción de Dios, con dones y frutos del Espíritu, te veían brillar con la presencia de Dios en todo momento, eras la ovejita con la campana que al caminar sonaba y todos volteaban a ver y sabían por dónde debían caminar, no porque eras el pastor a cargo de la congregación, sino porque eras de buen testimonio.

Pero al desconocer lo que hay en tu alma, de pronto llegó el momento de la prueba y eso te hizo abandonarlo todo; podría decir que eras alguien con un verdadero don de Dios, pero con un carácter agrietado, grietas en el alma; con el don bendecías a muchísimas personas pero con la grieta en el alma, después de un tiempo pudiste lastimarlos.

Por eso es que en el capítulo anterior estuve describiendo acerca de alcanzar la verdadera libertad con este versículo:

Juan 8:32 ...y conoceréis la verdad, y la verdad os hará libres.

La razón de este versículo es porque fuiste creado en la base de la libertad, la creación a la que perteneces originalmente, es en la base de la libertad. Si pudieras recobrar esa libertad para poder comprender de que si hay algo que va contrario a esa base de la libertad, es porque algo alteró tu alma. Recuerda que el don de Dios, te pone delante de reyes; te abre puertas, pero el carácter agrietado en el alma hace que el don se vaya apagando.

El problema con este tipo de situaciones es que, cuando se manifiestan aquellas cosas que ni tú sabías que estaban escondidas en el alma y alguien te las señala; con toda seguridad no te agradará, porque dentro de todo eso también resulta que hay orgullo, hay soberbia que impide que sigas desarrollándote; pero cuando es la palabra de Dios la que te está señalando lo que está incorrecto en tu alma, entonces no habrá quién se oponga, sencillamente depones todo lo que está en ti porque todo tu ser reconoce esa bendita palabra.

La Paradoja Del Alma

Viendo otra definición a este respecto, me encuentro con lo siguiente:

Es la parte indetectable a simple vista, es la parte que permanece de esa manera y que surge en el momento que menos esperas.

Es por eso que, si no conoces tu alma, tampoco podrás controlar aquello que está escondido en ella; sin embargo, a pesar de todo eso, tienes un propósito de parte de Dios que vas a cumplir en la Tierra; en ti está qué tanto pueda llevarte terminar de desarrollar el don que Dios te entregó; si logras descubrir lo que está escondido en tu alma y trabajar en pos de extirparlo; un día estarás corriendo como lo sucedió a Elías, de quien dice la Biblia que corrió durante 40 días con sus noches.

Por supuesto que en todo esto también está obrando negativamente Satanás, porque entonces se aprovecha de la debilidad de los demás, porque cuando notan esas debilidades en ti y te critican, eso mismo hace que sigas tropezando y se convierte en una batalla entre cristianos; mientras que si lográramos madurar y ayudarnos entre toda la Iglesia en lugar estarnos juzgando, eso nos ayudaría a eliminar la paradoja del alma que todos podemos llevar.

Un punto que debes hacer notar es que, no estoy hablando de espíritus inmundos ni demonios; estoy refiriéndome a aquellas cosas negativas que dejaron una grieta en tu alma y que en lugar de enfrentarla para sanar esa herida, cerraste los ojos para pasarla por alto, pero no por eso la grieta se iba a cerrar, al contrario, es como una enfermedad que no se trata a tiempo, sigue dañando los órganos internos del cuerpo humano y cuando finalmente se manifiesta el mal, ya es muy tarde.

Lo mismo sucede en el alma, los malos momento que han dejado malos recuerdos en tu memoria, en el alma; madurarán y cuando se empiecen a manifestar en calidad de paradoja del alma, te causará mucha molestia hasta que trabajes en pos de eliminar las grietas del alma.

Un ejemplo a este respecto lo puedes ver en estos personajes de la Biblia:

1.- Elías haciendo descender fuego del cielo, después se ve escondido por miedo a Jezabel.

1 Reyes 18:38 Entonces cayó el fuego del SEÑOR, y consumió el holocausto, la leña, las piedras y el polvo, y lamió el agua de la zanja.

1 Reyes 19:2-3 Entonces **Jezabel envió un mensajero a Elías**, diciendo: Así me hagan los dioses y aun me añadan, si mañana a estas horas yo no he puesto tu vida como la vida de uno de ellos. **3** Él tuvo miedo, y se levantó y se fue para salvar su vida; y vino a Beerseba de Judá y dejó allí a su criado.

Observa que, Jezabel nunca llegó a estar frente a Elías, solamente le envió una nota amenazándolo y fue suficiente para que se le manifestara la paradoja del alma. En su vida se había enfrentado a muchos enemigos muy poderosos y cuantiosos, sin embargo, su problema salió a la luz con la amenaza de Jezabel.

2.- Abraham saliendo de Ur de los caldeos por fe, pero después por miedo, miente y le dice a Sara que diga, es su hermana, sin importarle que la pudieran tomar sexualmente como mujer, lo hizo para mantener su integridad, pero puso en riesgo a Sara; eso también es una paradoja.

Génesis 12:4 Entonces Abram se fue tal como el SEÑOR le había dicho; y Lot fue con él. Y Abram tenía setenta y cinco años cuando partió de Harán.

Génesis 12:11-13 Y sucedió que cuando se acercaba a Egipto, dijo a Sarai su mujer: Mira, sé que eres una mujer de hermoso parecer; **12** y sucederá que cuando te vean los egipcios, dirán: "Ésta es su mujer"; y me matarán, pero a ti te dejarán vivir. **13** Di, por favor, que eres mi hermana, para que me vaya bien por causa tuya, y para que yo viva gracias a ti.

La contrariedad de una persona es una paradoja del alma; en Abraham puedes ver cómo puso a Sara para salvar su vida, pero cuando le pidieron a Isaac, lo dispuso para ser sacrificado; son actitudes de mucha contrariedad, difíciles de comprender.

3.- José un hombre con sueños de Dios, pero vivía en Egipto amargado por el dolor que sus hermanos le habían ocasionado, aunque los sueños se le habían cumplido.

Génesis 37:9 Tuvo aún otro sueño, y lo contó a sus hermanos, diciendo: He aquí, he tenido aún otro sueño; y he aquí, el sol, la luna y once estrellas se inclinaban ante mí.

Génesis 45:1-2 José no pudo ya contenerse delante de todos los que estaban junto a él, y exclamó: Haced salir a todos de mi lado. Y no había nadie con él cuando José se dio a conocer a sus hermanos.

² Y lloró tan fuerte que lo oyeron los egipcios, y la casa de Faraón se enteró de ello.

¿Cómo es posible que José se hubiera amargado si dentro del plan de Dios estaba que sus hermanos intervinieran para cumplirle los sueños? Cuando finalmente llegó su momento, Faraón lo puso como el segundo en todo Egipto y el nombre que le cambio significaba, el que salvó la Tierra. Eso es como si de pronto alguien quiso hacerte daño y eso mismo hizo que alcanzaras cierta posición donde Dios te está bendiciendo como nunca antes lo imaginaste, sin embargo, cuando recuerdas de aquel momento donde pasaste de un punto al que hoy estás, te surge el rencor por aquella persona o aquellas personas.

El asunto es que si a estos personajes les sucedió, ¿cómo te podrías librar de eso?; pero hoy es el tiempo en el cual Dios desea que te libres de toda esa situación de paradojas en el alma y alcances una verdadera libertad en el nombre de Jesús.

Hoy el llamado que tienes de parte de Dios es como le dijeron al Profeta Jeremías, que separes lo precioso de lo vil aprendiendo a estudiar tu alma y entonces estarás sobre mucho; si hoy a pesar de ese tipo de situaciones, Dios ha sido fiel y te ha tenido misericordia, ¿cómo será cuando alcances la verdadera libertad?

4.- Pedro caminando sobre las aguas, pero se empieza a hundir porque vino el temor.

Mateo 14:28-29 Respondiéndole Pedro, dijo: Señor, si eres tú, mándame que vaya a ti sobre las aguas. ²⁹ Y Él dijo: Ven. Y descendiendo Pedro de la barca, caminó sobre las aguas, y fue hacia Jesús.

Mateo 14:30-32 Pero viendo la fuerza del viento tuvo miedo, y empezando a hundirse gritó, diciendo: ¡Señor, sálvame! ³¹ Y al instante Jesús, extendiendo la mano, lo sostuvo y le dijo : Hombre de poca fe, ¿por qué dudaste? ³² Cuando ellos subieron a la barca, el viento se calmó.

5.- Noé un hombre que se guardó en sus genes, pero después del diluvio se embriaga y su hijo comete una falta en contra de él.

Génesis 6:8-9 Mas Noé halló gracia ante los ojos del SEÑOR. ⁹ Éstas son las generaciones de Noé: Noé, varón justo, era perfecto en sus generaciones; con Dios caminó Noé.

Génesis 9:20-22 Entonces Noé comenzó a labrar la tierra, y plantó una viña. ²¹ Y bebió el vino y se embriagó, y se desnudó en medio de su tienda. ²² Y Cam, padre de Canaán, vio la desnudez de su padre, y se lo contó a sus dos hermanos que estaban afuera.

De manera que en el ser humano encontramos áreas adversas de su vida que lo llevan a ser cosas contrarias después de haber hecho lo bueno.

Otro Ejemplo De Paradoja Del Alma

Una persona puede estarse manifestando con estos estadios de su vida:

1.- carácter de inseguridad

2.- sufre miedos

3.- cae en vicios

4.- batalla con traumas

5.- sufre abandonos

6.- vive períodos de abuso

Sin embargo también es lo siguiente:

1.- es esforzado

2.- es talentoso

3.- es amable

4.- es ungido

5.- es creativo

6.- pero vive con timidez, depresión, impaciente, con complejos, perfeccionista, violento y airado.

Una misma persona con todo esto; quizá conoces a una persona con características positivas, sin embargo, en su interior está batallando con todo eso, lo cual es la realidad de un cristiano que su reacción es:

SOY BENDECIDO, PERO...

- ✓ Tengo grandes problemas **económicos**.
- ✓ Tengo grandes problemas **de salud**.
- ✓ Tengo grandes problemas **en mi matrimonio**.
- ✓ Tengo grandes problemas **con mis hijos**.
- ✓ Tengo grandes problemas **espirituales**.
- ✓ Tengo grandes problemas **de estabilidad**.
- ✓ Tengo grandes problemas **emocionales**.
- ✓ Tengo grandes problemas **mentales**.
- ✓ Tengo grandes problemas **en relacionarme en la iglesia**, etc.

Entonces, ¿cuál es la solución?

3 Juan 1:2 Amado, ruego que seas prosperado en todo, así como prospera tu alma, y que tengas buena salud.

Suplícale a Dios para que tengas las fuerzas y el valor de descubrir la paradoja de tu alma, de manera que si logras ver en tu interior la otra parte de ti, eso que hoy desconoces; no vas a quererlo tener; recuerda que no estoy refiriéndome a un espíritu inmundo ni demonio, estoy refiriéndome a lo que se ha convertido en tu alma a tener doble ánimo lo cual tampoco es una enfermedad psicológica que la pueda diagnosticar un especialista en la materia, no se trata de eso, sino que, es algo que te sucedió en la vida, una muy mala experiencia y te cambió lo precioso de tu identidad en Dios, lo hermoso por lo que pagó Jesús en la cruz del calvario, lo que te hace ver, sentir y hablar lo cual no es la realidad de tu vida.

Tienes un yo, el cual es único porque lo creó desde que Dios pensó en ti y te dio existencia, que cuando Dios preparó los planos de tu formación, después los rompió para que no hubiese una copia de ti en la Tierra y que no haya quién te sustituya.

Hoy debes hacer valer todo eso, ¿cómo?, soltando aquello que se ha enraizado en tu alma creando rencores, odios, resentimientos, deseos de venganza, etc., todo eso negativo en tu pensamiento floreciendo por lo que está enraizado en tu alma; después volverás a ver la verdadera luz, vivirás verdaderamente libre.

Lo Oculto A La Vista

Capítulo 3

A medida que Dios permite que avances y profundices en la temática de este libro, las referencias de las cosas que están ocultas dentro de ti y que obviamente no tienes la respuesta del por qué de cada situación; puedo ver lo dificultoso que viene a ser el desarrollo de la vida; principalmente siendo cristiano porque de algún modo llegas a pensar que, partiendo del momento en que Jesús entra a tu corazón, todo aquello que viviste en el mundo, dejó de ser; sin embargo no es así, cuando Jesús entra a tu vida, es cuando inicia el proceso de una restauración a tu vida y con el transcurrir del tiempo comprendes que llevas muchas cosas que han estado ocultas a tu vista pero conforme eres restaurado y empieza a surgir todo aquello, puedes pedirle sabiduría al Espíritu Santo para trabajar en en esas áreas de tu alma con el propósito de alcanzar a ser verdaderamente libre.

Por supuesto que si Dios prometió que tendrás vida y vida en abundancia, no era para que la vivieras en dificultad; Dios prometió que tendrías vida eterna, lo cual así es por fe, y aún no la estás viviendo por cuanto estás en este plano existencial terrenal donde el humano en general y el creyente también sale de esta Tierra a través de la vía de la muerte, por supuesto que el Señor Jesucristo dijo que volvería y ese es el momento que la Iglesia de Cristo espera, lo cual se aproxima cada vez más, de acuerdo al cumplimiento de las profecías bíblicas, a lo que Jesús mismo dijo que habría de suceder antes de su manifestación pública.

Pero antes de eso, habría una manifestación secreta para Su Iglesia, lo que conoces como el arrebatamiento, el encuentro de Dios contigo en las nubes y que después de ese momento, donde será el tribunal de Cristo, donde recibirás la confirmación para ser parte de la novia que se casará con el Señor Jesucristo, pero para llegar a ese nivel, es necesario que todo aquello que pueda estar oculto dentro de ti y que te está estorbando para desarrollarte como un cristiano consagrado a Dios, pueda ser identificado por ti y consecuentemente desarraigado de tu alma.

Te estoy resumiendo todo lo que debe suceder en un escenario muy amplio, porque si eres de la novia que se casará con el Señor Jesucristo, después de pasar por el tribunal de Cristo, saldrás de esas nubes rumbo a las bodas del Cordero; eso transcurrirá en 7 años en el cielo mientras que en la Tierra tiene lugar la tribulación, después de eso regresarás con Cristo, habrá una gran batalla donde obviamente es Dios quien ganará y reinarás con El por 1,000 años, pero después de eso es cuando estarás con Dios eternamente.

Entre cada evento suceden muchas cosas de las cuales no describiré porque no es ese el propósito de esa enseñanza, sino más bien, que puedas comprender que la lucha de hoy entre la luz y las tinieblas es por tu alma.

Como recordarás en el primer capítulo, describí la importancia que tiene el alma en su diseño original cuando fue creada por Dios, los atributos con los que Él la creó y que hoy por hoy puede ser que haya un adormecimiento de todo ese potencial, pero Satanás conoce de qué puedes ser capaz si logras desarrollar todo aquello que pueda estar adormecido en tu alma y es la razón de una batalla constante en tu ser, debido al engaño a que se vio sometida tu alma, el daño que le causó y que está oculto a tu vista para que no puedas prestarte a una total restauración.

De manera que cuando no puedes identificar tus batallas interiores, puedes llegar a determinado estancamiento en tu vida espiritual, siendo entonces el factor principal del por qué no estás viviendo una vida en abundancia, porque si Dios permite que todo ese cúmulo de bendiciones que aún no has recibido, las empieces a experimentar, seguramente te quedarás enraizado en una situación, acomodado en una atmósfera en la cual tienes problemas pero pretendes cubrirlos con cosas buenas que tienes al mismo tiempo, pero eso no es lo que Dios desea para ti; lo que El quiere es que seas verdaderamente libre y entonces puedas alcanzar a vivir plenamente la abundancia que ya destinó para ti.

Consecuencias Del Estancamiento Espiritual

Existen consecuencias en cada situación que puedas vivir, sea esto positivo o negativo, de manera que al haber un estancamiento espiritual, a raíz de estar en una constante batalla interna; surgen esas consecuencias de las cuales puedo citar 4 principales que las describo a continuación:

1.- Madurez espiritual. No habrá madurez a consecuencia de esas batallas en tu alma; de manera que si **Efesios 4:13** dice que todos debemos llegar a la estatura del varón perfecto, es porque así debe ser, sin embargo, con una constante batalla interna, difícilmente lo alcanzarás.

2.- Crecimiento espiritual. Otro punto que afectará el estancamiento espiritual, es el crecimiento lo cual está íntimamente vinculado con la madurez espiritual, porque no puedes decir que eres maduro sin haber crecido, o que has crecido pero eres inmaduro. Debes estar consciente que, para ti, siendo un hijo de Dios, no existe una vida neutral, me refiero a que, hay vida de la carne o vida espiritual; si es de la carne, es por las batallas que puedas estar viviendo y si es espiritual, es porque estás en victoria gracias a Dios, aunque podrías estar en batalla, pero victorioso.

Otro punto que debo resaltar aquí es que, si bien es cierto que existe el crecimiento espiritual, también existe el crecimiento carnal, aunque seas cristiano; porque podrías tener un modo de vida de la religión evangélica y que eso te esté llevando por una vida religiosa solamente, pero la verdad es que Dios no desea eso en ti; lo que El busca es que tengas comunión con el Espíritu Santo y sea El quien te conduzca para que entonces Dios crezca y tu mengües, que haya crecimiento espiritual y que tu vida en la carne muera. Al decir vida en la carne, me refiero a todo aquello que no es agradable a Dios; de manera que, si estás creciendo en la carne, entonces aquellos deseos carnales se pueden llevar a la realidad, entonces no solamente estarías pecando con el pensamiento sino también con tu propio cuerpo.

3.- Avanzar espiritualmente. Esto lo puedes ver detenido en cuanto al supremo llamamiento que Dios te ha hecho para llegar a la meta según **Filipenses 3:14**.

4.- Purificación espiritual. Este es el cuarto punto que quiero exponer, me refiero a la falta de purificación espiritual por estar en constante batalla interna; de manera que eso te detendrá de llegar al estado de ser irreprensible como lo deja ver **1 Tesalonicenses 5:23**. Entonces, si alguien no se purifica, no tiene la esperanza de que el Señor Jesucristo viene pronto, no lo cree, quizá lo sabe en su mente, pero no lo cree en su corazón, porque el que cree se purifica a sí mismo.

El problema que veo por todos los medios y que está íntimamente relacionado con la Iglesia, es que existe mucho silencio, permanece callada ante una realidad respecto a que aún hay batallas internas en el alma. Cuando digo que la Iglesia permanece callada, me refiero a que el ministro pastor a cargo de aquella congregación, no les enseña a este respecto, de manera que esa es la consecuencia de una muerte espiritual, porque la Biblia dice:

Oseas 4:6 Mi pueblo es destruido por falta de conocimiento…

Estoy convencido que si estás estudiando este libro, es porque estás consciente de la necesidad que hay dentro de ti, quizá sea incómodo que alguien te esté ministrando a este respecto, pero cuando lo estudias de esta manera, el Espíritu Santo puede obrar en ti, dependiendo de lo que Él encuentre en tu corazón, la necesidad que manifiestes por alcanzar a ser libre de todas aquellas situaciones contrarias que llevas en tu alma.

Ahora bien, cuando estudias con detenimiento la Biblia, puedes ver a personajes siervos de Dios que en el transcurso de su vida, hubo momentos en los que tuvieron batallas internas; grandes personajes usados por Dios que, a pesar de todo eso, tenían sus propios conflictos, pero trabajaron el pos de alcanzar la libertad y llegaron finalmente a la meta, por ejemplo puedo citar al Apóstol Pablo; un varón que tenía un largo recorrido en su vida como judío, muy preparado, etc., sin embargo, en determinado momento tuvo batallas internas.

De manera que, si él, siendo el perito arquitecto de la Iglesia de Cristo, tuvo conflictos en su alma, qué podríamos esperar nosotros, si no, algo parecido a todo eso, pero igualmente con el ejemplo de haber llegado a la meta, porque al final lo que debes ver es que llegó a la meta, tuvo el cambio total en su vida, al punto de decir que solamente le quedaba esperar por su corona que el Señor Jesucristo le daría; esa misma meta es la que debes trazarte y esforzarte por alcanzar día tras día.

Es por eso que, si sabes que tienes alguna situación en tu alma que debes solucionar, es mejor que lo saques a la luz de Jesús, que lo confieses con el propósito de buscar ayuda, porque si lo escondes, estás cumpliendo lo que el adversario desea; si de pronto estás con pensamientos diciéndote que es mejor callar tus batallas, debes saber que no eres tú mismo, sino que, son pensamientos contrarios que buscan el acomodamiento ante esas batallas y que aquella situación permanezca escondida y que sigas viviendo en una aparente victoria que realmente no lo es, sino, todo lo contrario.

La Contradicción Del Alma

Quiero mostrarte lo que dice el Apóstol Pablo, en medio de sus batallas:

Romanos 7:24 ¡Miserable de mí! ¿Quién me libertará de este cuerpo de muerte?

El asignamiento que tenía el Apóstol Pablo era construir la vida espiritual de cada cristiano, como un arquitecto que deja los planos a seguir en una vida integral; pero resulta que de pronto dice que está tendiendo batallas internas.

Romanos 7:24 (TPT) ¡En qué situación angustiosa estoy! Entonces, ¿quién tiene el poder de rescatar a este hombre miserable del intruso no deseado del pecado y la muerte?

Nota cómo es que le llama al pecado y la muerte: intruso.

Romanos 7:25 (TPT) ¡Doy todas mis gracias a Dios, porque su gran poder finalmente ha proporcionado una salida a través de nuestro Señor Jesús, el Ungido! Entonces, si me dejo a mí mismo, la carne está alineada con la ley del pecado, pero ahora mi mente renovada está fijada y sujeta a los principios justos de Dios.

Lo que está diciendo el Apóstol Pablo es la realidad de todo cristiano, pero está dando gracias por Jesús; porque entonces, aunque estés en batallas internas, sigue adelante porque Dios ha prometido perfeccionar la obra que comenzó en ti, por eso no debes apartarte de El, aún en medio de esas batallas debes continuar adelante porque en el camino Dios seguirá revelándote Su palabra, enseñándote lo que debes hacer.

Romanos 7:24 (MSG) He intentado todo y nada ayuda. Estoy al final de mi cuerda. ¿No hay nadie que pueda hacer algo por mí? No es esa la verdadera pregunta?

Está en una reflexión diciendo que lo había intentado todo y no encuentra la verdadera ayuda, lo que necesita.

Romanos 7:25 (MSG) La respuesta, gracias a Dios, es que Jesucristo puede y lo hace. El actuó para arreglar las cosas en esta vida de contradicciones donde quiero servir a Dios con todo mi corazón y mente, pero la influencia del pecado me empuja a hacer algo totalmente diferente.

Una vez más quiero enfatizar que todo eso no está relacionado con espíritus inmundos ni con demonios; precisamente ese es uno de los problemas cuando alguien está con batallas internas, la gente piensa que son solamente originadas por esos entes, olvidándose que también está su alma pretendiendo gobernar la vida de aquella persona. Esto sin contar que también hay batallas que son heredadas en el ADN por lo que un ancestro haya hecho y lo ha transmitido de generación en generación.

Esto es muy interesante porque según la ciencia, dice que en la parte más oscura del ADN, en la molécula es donde puede haber información que es la que está influenciada para que haya batallas; entonces eso me deja ver que pueden haber batallas ocasionadas por herencia genética; pero no es eso a lo que el Apóstol Pablo está refiriéndose.

También existen batallas porque alguien puso un yugo que no debía ser sino solamente el de Cristo. Otro tipo de batallas son porque alguien tiene una fortaleza, pero no es un demonio, la fortaleza está entre lo que escuchas y lo que crees y te mueve a ciertas actitudes erróneas; otras batallas son ocasionadas por problemas clínicos, pero ninguna de esas batallas son a las que se refiere el Apóstol Pablo.

Batallas Por Yugos

1 Reyes 12:4 Tu padre hizo pesado nuestro yugo; ahora pues, aligera la dura servidumbre de **tu padre y el pesado yugo** que puso sobre nosotros y te serviremos.

Lo que debe llamarte la atención aquí es la forma como están ejemplificando la dura servidumbre, como un instrumento que solamente le ponían a los bueyes; eso significa que no tenían ninguna opción, les habían marcado el camino por dónde andar y ahí debían caminar.

Por otro lado, lo que esto me lleva a pensar es que, un buey llega a tener mucho peso, consecuentemente mucha fuerza, mucho más que la fuerza del hombre, entonces, ¿a qué edad deben ponerle el yugo para que lo sienta normal en su vida y cuando tenga muchas fuerza no se rebele contra el hombre que lo usa?, a temprana edad para que se convierta en costumbre y que ese yugo lo sienta parte de su propio cuerpo, me atrevería a decir que, lo llega a extrañar cuando se lo quitan por cualquier razón.

Lo mismo sucede con el hombre o la mujer que desde temprana edad les ponen un yugo de cualquier situación, no me refiero a un yugo tal cual como lo usa un buey, sino a determinada situación que experimenta todos los días, al punto de convertirse en algo natural para su vida, pero eso no es normal. Un ejemplo lo podría mencionar con lo que sucedió con los hebreos en Egipto, estuvieron sumidos bajo el yugo de la esclavitud, de manera que, sin importar que llegaran a ser un número mayor al ejército de los egipcios, no se rebelaban porque estaban acostumbrados a los malos tratos, a la comida que recibían a cambio del trabajo que hacían, etc., muchos de ellos nacieron en esclavitud y murieron de esa misma forma sin tener la oportunidad de haber experimentado la libertad.

Lo mismo sucede con el alma, hay yugos que son puestos desde muy temprana edad, de manera que permanezcan así sin que tengan la oportunidad de rechazar lo que el adversario ha puesto como un estigma en el alma de alguien, causándole estragos en la vida, sin que tenga oportunidad a experimentar otra cosa.

Cuando los yugos tienen lugar en la vida de una persona a su temprana edad, solamente le afecta a esa persona; diferente al momento cuando un yugo le es impuesto a una persona entrada en años, le afecta a esa persona y a los que la rodean por el descontento que le pueda causar, considerando que un yugo le es impuesto a 2 personas; el que se lo impone a otro, ya tiene el control de ese yugo y lo que pretende es que haga lo que el otro quiere, por esa razón es que, cuando se lo ponen a una persona desde su temprana edad, no hay mayor problema, lo adverso empieza cuando el yugo le es impuesto a una persona madura.

Otro punto que debe llamarte la atención es que, todo lo que ha marcado el yugo en una persona que lo ha tenido desde niño o niña, es que con el transcurrir del tiempo, lo ha nutrido en ámbito de yugo obviamente. Por eso puedes ver en la Biblia que llega la edad cuando se puede romper el yugo:

Isaías 10:27 Acontecerá en aquel tiempo que su carga será quitada de tu hombro, y su yugo de tu cerviz, **y el yugo se pudrirá a causa de la unción**.

Aquí lo que debes comprender es la forma como está expuesto, con una mente agrícola, el dueño de los bueyes lo pone bajo un yugo para llevarlo desde su muy temprana edad, pero el yugo se empieza a dañar, cuando el buey empieza a crecer, su amo derrama aceite sobre el yugo para que las moléculas de la madera empiecen a ceder hasta que se rompe a consecuencia del engorde del buey.

La interpretación bíblica de eso es la siguiente: el buey es figura de tu persona, el aceite es la unción del Espíritu Santo que rompe todo yugo y el engorde del buey es el aumento de conocimiento de la palabra de Dios que te viene a nutrir espiritualmente. Por supuesto que habrá el momento en que se encontrarán 2 fuentes de nutrición, la primera será la que brinda el yugo pero después será la palabra de Dios que te llenará hasta romper ese yugo y te es puesto el yugo de Cristo.

Las Batallas Interiores

He insistido en el hecho que, cuando menciono batallas internas, no me refiero a espíritus inmundos ni demonios, sino a situaciones que cada cristiano está llamado a identificar. Ahora bien, cuando estudias la epístola a los romanos, escrito por el Apóstol, deja ver la salida a todos tus conflictos, siempre será el Señor Jesucristo; más interesante aún, puedes notar que los capítulos 5 y 6 habla de la gracia de Dios, el capítulo 8 habla de la libertad, pero el capítulo 7 habla de los conflictos internos lo cual viene a ser como un espejo donde te puedes ver claramente en determinado momento de tu vida.

Los conflictos internos del Apóstol Pablo

Romanos 7:15-18 Porque lo que hago, no lo entiendo; porque no practico lo que quiero *hacer*, sino que lo que aborrezco, eso hago. **16** Y si lo que no quiero *hacer*, eso hago, estoy de acuerdo con la ley, *reconociendo* que es buena. **17** Así que ya **no soy yo el que lo hace, sino el pecado que habita en mí**. **18** Porque yo sé que en mí, es decir, **en mi carne, no habita nada bueno**; porque el querer está presente en mí, pero el hacer el bien, no.

Nota que el Apóstol Pablo está hablando de él mismo pero está refiriéndose a la misma vez a 2 entidades.

Romanos 7:19-22 Pues no hago el bien que deseo, sino que el mal que no quiero, eso practico. [20] Y si lo que no quiero *hacer*, eso hago, ya no soy yo el que lo hace, sino el pecado que habita en mí. [21] Así que, queriendo yo hacer el bien, hallo la ley de que el mal está presente en mí. [22] Porque en el hombre interior me deleito con la ley de Dios…

Aquí puedes ver una paradoja: queriendo hacer el bien, termina haciendo el mal.

Romanos 7:23-24 …pero veo **otra ley en los miembros** de mi cuerpo que hace guerra contra **la ley de mi mente**, y me hace prisionero de **la ley del pecado** que está en mis miembros. [24] **¡Miserable de mí!** ¿Quién me libertará de este cuerpo de muerte?

Una de las cosas que debes analizar aquí, es el estado de la miseria, ¿qué es lo que le sucede a alguien que tiene ese sentir?, se encontrará con la misericordia de Dios, porque el sentirse miserable, es una de las cosas más humillantes de las cuales Dios se compadece para mostrar misericordia y levantar a aquella persona para la gloria de Su nombre.

Romanos 7:25 Gracias a Dios, por Jesucristo Señor nuestro. Así que yo mismo, por un lado, con la mente sirvo a la ley de Dios, pero por el otro, con la carne, a la ley del pecado.

Hay 3 cosas que me llaman la atención, aunque una es consecuencia de la otra:

1.- La ley en los miembros de mi cuerpo que hace guerra contra...

Esto es lo mismo a decir que, obliga a la persona a un régimen de cosas que no quiere hacer; es como un semáforo, existen 3 luces las cuales obligan a los conductores de vehículos a que sigan su camino si está en color verde, si está en color amarillo, les está diciendo que tengan precaución porque pronto tendrán que detenerse y finalmente la luz roja los obliga a detenerse; pero no es opcional, sino, una obligación (leyes).

2.- La ley de mi mente, y me hace prisionero de...

Son eventos o experiencias que crearon la naturaleza de sumisión o sometimiento a realizar cosas indebidas (yugos).

3.- La ley del pecado que está en mis miembros…

Esto es lo que lleva a la persona a creer consciente o inconscientemente a la mentira de Satanás (fortalezas).

Dicho en otras palabras entonces, la ley de los miembros se conecta con la ley de la mente y esta a su vez, se conecta con la ley del pecado; de esto es lo que está hablando en términos generales el Apóstol Pablo, pero ¿cuál es el epicentro para que un cristiano esté regido, gobernado, influenciado o sometido a leyes de las tinieblas?, el epicentro es precisamente las batallas internas que el Apóstol Pablo describe de una forma magistral cuando habla de él pero involucrando a 3 entes, obviamente en su interior.

Dicho en otras palabras, puedes estar batallando desde 3 dimensiones que están dentro de ti por cuanto están integradas en sí, me refiero entonces al espíritu, alma y cuerpo; parecería antagónico pero es cierto, estás en pelea contra ti mismo, ¿por qué?, por lo siguiente:

El Pecado Que Habita En El Interior Como Materia Prima

Esta cita la describí anteriormente pero considero apropiado volver a mencionarlo aquí para saber a qué se refiere el Apóstol Pablo:

Romanos 7:19-20 Pues no hago el bien que deseo, sino que **el mal que no quiero, eso practico.** [20] Y si lo que no quiero hacer, eso hago, ya no soy yo el que lo hace, sino el pecado que **habita** en mí.

Habita: oikéo G3611; me ocupa como una casa, como su residencia (fig. habitar, permanecer, quedarse); por impl. cohabitar.

¿Cuál es esa materia prima para el pecado?

- ✓ **Pornografía**, en los ojos.
- ✓ **Odio, temor, ira, resentimiento**, etc., en las emociones y sentimientos.
- ✓ **Falta de perdón, venganza**, en la mente y en el alma.
- ✓ **Problemas sexuales**, en el cuerpo, en los genitales.
- ✓ **Murmuración**, en la boca y oído.
- ✓ **Malos pensamientos**, en el corazón.
- ✓ **Inestabilidad, doble ánimo**, en el alma y pies.
- ✓ **Iniquidad ancestral**, en la sangre.

De aquí entonces la necesidad de que vivas en una constante consagración a Dios para alcanzar la santidad:

1 Tesalonicenses 5:23 Y que el mismo Dios de paz os santifique por completo; y que todo vuestro ser, **espíritu, alma y cuerpo**, sea preservado irreprensible para la venida de nuestro Señor Jesucristo.

En la redención existe como una especie de orden cronológico del rescate de cada una de las partes de tu ser tripartito, sería entonces el orden divino de la recuperación:

- ✓ Dios rescató primero tu espíritu humano (pasado) – **espíritu: Pneúma #G4151**

- ✓ El alma está siendo rescatada cada día (presente) – **alma: psuche #G5590**

- ✓ El cuerpo lo será al final en un abrir y cerrar de ojos (futuro) – **cuerpo: sóma #G4983**

El conflicto interno de una persona es tan fuerte que, no debería surgir la necesidad de estar batallando con nadie más, pero parece que llega a un punto en el que, la batalla ocupó ese lugar y ahora quiere conquistar a quienes tiene cerca.

Existe un orden que debería ser el que toda persona respete en cuanto a prioridades, de ser así, entonces las batallas siempre serán ganadas por el espíritu, tu dimensión interna siempre sería espiritual, el problema está en que, a veces se le brinda la prioridad al cuerpo por la influencia del alma y lo que diga el espíritu queda en una vaga sugerencia a la que no se le brinda la importancia debida.

Cuando el cuerpo es quien toma la prioridad, entonces deja de ser propiamente cuerpo y se convierte en carne:

El Diseño Original Pero Con Deformación

Cuerpo + alma = carne
Entonces carne es: sárx #4561 (–) espíritu.

Romanos 7:21 Así que, queriendo yo hacer el bien, hallo la ley de que el mal está presente en mí.

El problema surge cuando el cuerpo y el alma se unen como en un matrimonio y se convierte en carne ignorando o haciendo de menos al espíritu humano; es como hoy día se identifica una persona como carnal, es alguien que le ha restado importancia a la influencia del espíritu humano.

Esta es la razón de las batallas internas de una persona y que puede continuar de esa forma si no se le presta la debida atención.

Una vez más quiero hacer énfasis en esto: ¿quién es el que está haciendo la referencia de su vida?, el Apóstol Pablo, el perito arquitecto de la Iglesia de Cristo tuvo que batallar en contra de todo aquello que le estorbaba, para disponer su cuerpo como una ofrenda viva delante de Dios. Otro punto que deseo enfatizar es el hecho que no le está hablando a inconversos, sino a los cristianos, dicho en otras palabras; si él tuvo ese tipo de problemas y Dios permite que quede escrito, es porque seguramente hoy te servirá a ti y a mí.

El mayor problema con las obras de la carne es que, cuando se prolongan por mucho tiempo y se convierten en una práctica, se convierten en espíritu y es entonces cuando entra en escena de batalla el espíritu, es entonces cuando hay necesidad de echar fuera espíritus inmundos, pero con lo que el Apóstol Pablo está mostrando, son las batallas internas que he estado describiendo.

¿Cuáles son las obras o deseos de la carne?, la Biblia lo deja muy claro:

Gálatas 5:19-21 Ahora bien, las obras de la carne son evidentes, las cuales son: inmoralidad, impureza, sensualidad, [20] idolatría, hechicería, enemistades, pleitos, celos, enojos, rivalidades, disensiones, sectarismos, [21] envidias, borracheras, orgías y cosas semejantes, contra las cuales os advierto, como ya os lo he dicho antes, que **los que practican** tales cosas no heredarán el reino de Dios.

Con esto no estoy diciendo que si alguien de pronto cayó en un pecado, ya está condenado y perdió la herencia del reino de Dios, no es así, sino que, los que practican tales cosas dice la Biblia muy claramente, no heredarán el reino de Dios. Esto es como decir que alguien transgrede por falta de conocimiento, ciertamente cometió una falta y puede ser reprendido para que no caiga en un nivel de pecador al permitir la misma situación aún con previo conocimiento; pero si aún después de eso, peca de manera habitual haciéndolo una práctica en su vida como si fuera alguien que practica un deporte, esos son los que no heredarán el reino de Dios, estos son entonces los que practican la iniquidad.

Observa el proceso que puede haber entonces, dando lugar así a las batallas internas y que están ocultas a simple vista:

Carne – Le manda señales al alma, le comunica sus deseos, toda clase de placer la carne es la que los tiene, es el YO quiero, es el que tiene la lujuria.

Alma – es el hacedor de las decisiones, el alma dice: - si YO quiero también, lo hago por ti - y acciona, se vuelven en conducta y comportamiento.

Espíritu – Todo les está yendo bien a la carne y el alma hasta que el espíritu humano se entera de todo y es entonces cuando inicia la batalla interior, surge porque eres salvo, tu espíritu está resucitado, los deseos del hombre interior están en la ley de Dios.

Romanos 7:22 Porque en el hombre interior me deleito con la ley de Dios…

Hebreos 4:12 Porque la palabra de Dios es viva y eficaz, y más cortante que cualquier espada de dos filos; **penetra hasta la división del alma y del espíritu**, de las coyunturas y los tuétanos, y es poderosa para discernir los pensamientos y las intenciones del corazón.

Espíritu – La guerra del espíritu es contra la carne = cuerpo unido al alma. El trabajo y guerra del espíritu contra la carne es hacerlos que se divorcien. Le envía señales al alma a que ande en el espíritu.

Alma – Empieza a experimentar confusión, porque su carne a logrado a través del tiempo que su mente tenga conclusiones equivocadas, recuerda que la mente mora en el alma y lo que hace es que su lógica está afectada, su razonamiento no tenga dirección por la perseverancia de la carne; es ahí donde entonces el Apóstol Pablo escribe:

Romanos 7:23 ...pero veo **otra ley en los miembros** de mi cuerpo que hace guerra contra la **ley de mi mente**, y me hace prisionero de la ley del pecado que está en mis miembros.

Alma – Con las conclusiones equivocadas, a consecuencia de que la carne le pide constantemente deseos, entonces el alma cae en cautividad, o sea, los mismos apetitos, las mismas caídas, los mismos ciclos, la misma gente, los mismos vicios y placeres; de aquí entonces que un creyente en la carne, no es un hipócrita, sino que, un cautivo.

Romanos 7:23 (ECR) ...pero veo otra ley en mis miembros, que se rebela contra la ley de mi alma, y **me mantiene encadenado** a la ley del pecado que está en mis miembros.

Romanos 7:23 (NRV 2009) ...pero veo otra ley en mis miembros, que se rebela contra la ley de mi mente, y que **me lleva cautivo** a la ley del pecado que está en mis miembros.

Al final puedo decir entonces que las batallas son producto de algo bueno dentro de ti, porque a pesar de que el adversario ha logrado introducir su engaño, no todo está perdido porque el espíritu mantiene la conexión con Dios y es quien se resiste a doblegar su voluntad y es quien levanta la batalla.

Espíritu – Dice:

Romanos 7:24 ¡Miserable de mí! ¿Quién me libertará de este cuerpo de muerte?

Al mencionar cuerpo de muerte, se está refiriendo a la carne, o sea, cuerpo + (más) alma – (menos) espíritu = carne.

¿Por qué se menciona cuerpo de muerte?

Para aquella cultura romana tenía sentido porque existían 2 formas de muerte, incluso hoy día siguen siendo las formas más horribles en que alguien puede morir para castigar a los malhechores:

1.- La crucifixión – está sigue siendo la más horrible, es la que tuvo Jesús en la cruz del calvario.

2.- Cuerpo de muerte – esto era cuando le ataban el cuerpo del muerto, al homicida, los brazos al cuello, la cintura y piernas atadas a la cintura del muerto. De manera que cuando el cuerpo del muerto empieza a descomponerse, aquella descomposición le era trasladada al vivo y era cuando empezaba a morir el homicida, poco a poco.

Por eso el Apóstol Pablo dijo: ¿quién me libertará de este cuerpo de muerte?, solamente Jesús puede hacerlo porque el tuvo una muerte mayor al otro tipo de muerte que era considerado entre los 2 tipos más horribles que han existido. Jesús con sus brazos extendidos en la cruz, estaba diciendo que todo el que crea en El, será salvo, nadie tiene impedimento para llegar a los pies de Jesús, solamente debes disponer tu vida para que, a partir de ese momento, tengas la influencia del Espíritu Santo fortaleciendo tu espíritu humano y consecuentemente la batalla sea ganada por el espíritu y no por la carne.

Por eso es que siendo cristiano, debes nutrir tu propio espíritu buscando el rostro de Dios en oración, congregándote, alabando, adorando a Dios, poniendo en práctica la palabra de Dios en todo momento. La pregunta entonces es: ¿a quién estás nutriendo, a la carne o al espíritu?

Lamentablemente hoy día parecería que hay una distribución de las horas del día, según las estadísticas más recientes:

- ✓ 15 horas en las redes sociales (Instragram, Facebook, Tik Tok, etc.)
- ✓ 8 horas durmiendo.
- ✓ 1 hora para el Señor.

Nuevamente surge la interrogante: ¿a quién estás nutriendo o complaciendo más?, es una respuesta muy personal que debes responder en tu corazón.

Cuando el espíritu de un hijo no está nutrido, estará débil y no crecerá, siendo su alma quien tiene el control de su vida.

A continuación te presento un cuadro con el análisis de las cosas que se derivan de la carne y del espíritu y sus consecuencias:

Lo que debes comprender entonces es que, debes esforzarte por no ceder espacio al alma por nada porque es el espíritu el que tiene la conexión con Dios, es quien recibirá la instrucción divina para que sigas siendo equipado para el encuentro en las nubes con el Señor Jesucristo; es el espíritu quien debe despertar al alma de la amnesia que tiene por las cosas que recibió en la preexistencia.

Por eso, hablar de desnutrición del espíritu, se puede interpretar como la falta de estimulación al espíritu, falta de crecimiento.

Romanos 8:1 Por consiguiente, no hay ahora condenación **para los que están en Cristo Jesús, los que no andan conforme a la carn**e sino conforme al Espíritu.

Tu espíritu podría decir que tiene las funciones del vocero de Dios, el Espíritu Santo le traslada las instrucciones que El desea a tu vida, el espíritu las recibe, las procesa y se las traslada al alma para que esta a su vez las ponga en práctica con el cuerpo, de esa manera es como el cuerpo es nutrido como es debido, por eso dice la Biblia: el que tenga oídos que oiga lo que el Espíritu dice a la Iglesia, para que la esté nutriendo.

Romanos 8:5 Porque **los que viven conforme a la carne**, ponen la mente en las cosas de la carne, pero los que *viven* conforme al Espíritu, en las cosas del Espíritu.

De manera que la victoria está donde pones tu mente. Tienes una mente muy poderosa, de ahí se originarán los grandes planes de beneficio o de maleficio, te dan paz o incomodidad. Por eso es que cuando alguien se estanca, es su mente la que no siguió avanzando.

Romanos 8:6-7 Porque **la mente puesta en la carne es muerte**, pero la mente puesta en el Espíritu es vida y paz; **7** ya que **la mente puesta en la carne es enemiga de Dios**, porque no se sujeta a la ley de Dios, pues ni siquiera puede *hacerlo*...

Si empiezas a escuchar internamente lo que Dios desea a tu vida, podrás vencer las batallas interiores que hoy puedas estar experimentando.

El final de este capitulo es con una interrogante: ¿cuánto tiempo le dedicas a tu comunión con Dios?, sea esto en oración, congregándote, alabando, adorando, sirviéndole a Dios, leer y estudiar la Biblia; sea esto para hacer un inventario del cambio de vida que debes empezar hoy mismo y no para condenarte si no lo estás haciendo porque lo que se busca es que camines por el espíritu haciendo la voluntad de Dios.

Alma Adicta

Capítulo 4

Como ya lo habrás notado, he estado haciendo mucho énfasis en la libertad, la liberación y el ser libre, también he mencionado que ese estado libre no se refiere a libre de espíritus inmundos y demonios, sino que, una libertad que está íntimamente vinculada contigo mismo, libre de cosas que con el transcurrir de la vida se han ido quedando en tu alma dejando una huella a veces casi imborrable hasta que el Espíritu Santo llega y entonces hace borrón y cuenta nueva, no obstante, aún después de eso, parecería que el alma fue adicta a ciertas situaciones con algún entrenamiento inclinado hacia lo equivocado y hoy lo que necesita entonces es un reentrenamiento para ubicarla en el camino correcto.

El problema entonces es que, el alma estuvo entrenándose en lo equivocado hasta que se convirtió en una adicción que, como todo pecado, necesita nutrición de lo siguiente:

- Sentires
- Placeres
- Emociones
- Sentimientos

Esto es importante porque si tienes adiciones a sentires equivocados, eso revelará tu estado de ánimo, deja ver la disposición que hay en tu vida y alma emocionalmente, hacia una cosa, un sentimiento, deleite o un placer.

En el capítulo anterior te hablé un punto respecto a que, siendo seres tripartitos y de acuerdo a la posición original de cada ente de ese ser tripartito, se puede decir que, lo primero que los demás captan de ti, es lo físico, tu cuerpo. Por otro lado, hay sectores de la sociedad que tienen una opinión muy diferente de lo que Dios dice, a lo que una persona es, por ejemplo: la psicología sostiene que una persona es dual, solamente cuenta con 2 entes.

Además de eso, resulta que la parte física, la ubican como la más barata, por ejemplo: se sostiene que cada persona contiene en su cuerpo 17 minerales de los más importantes de la Tierra; si eso se guarda en un frasco pequeño y se vendiera en una farmacia, su precio sería de solamente US$.14.00, por supuesto sin la glorificación que Dios ha prometido en la Biblia.

De manera que, si alguien muere antes que sea el arrebatamiento, su cuerpo vuelve al polvo, diferente al momento cuando sea glorificado. El alma tiene un precio muy alto, de tal manera que solamente Jesús pudo pagar el precio del alma, pagándola a través de su derramamiento de sangre. Igualmente, el espíritu humano, tampoco se puede calcular su precio porque fue Dios quien lo dio y al momento en que una persona muere, regresa a El. De manera que en ti hay una parte divina sin que seas divino porque tu espíritu proviene de Dios y solamente El puede proveer de ese soplo de vida.

Satanás, conocido también como padre de toda mentira, aunque está rodeado de espíritus inmundos y ángeles caídos, aunque él sea el señor de las tinieblas; no creó a ningún espíritu aunque seas de las tinieblas. Esos espíritus realmente salieron de Dios en determinado momento con un propósito, pero se rebelaron y fue ahí donde se convirtieron en parte del reino de las tinieblas, involucionaron, en lugar de evolucionar bajo el plan divino de Dios; ellos optaron por desobedecer a Dios, no someterse a Su voluntad y entonces en ese desprendimiento que tuvieron de Dios, se deformaron, por ejemplo: un espíritu inmundo es un espíritu humano irredento, alguien que murió sin haber permitido que Jesús entrara a su corazón.

Por eso tú estás llamado a perfeccionar tu espíritu, no hacerlo implicaría quedarte inmundo. Por eso, cuando una persona muere sin Cristo en su corazón, su espíritu se convierte en espíritu inmundo y busca un cuerpo que le de alojamiento para quedarse en la Tierra porque, aunque es espíritu inmundo, necesita de un cuerpo porque fueron hechos para estar en cuerpos humanos y así prolongar su existencia en la dimensión en la Tierra.

Los espíritus entonces, fueron hechos para estar en la Tierra, por eso tienes un espíritu humano que gracias a Dios, cada día sigues perfeccionándote porque esa es la promesa de Dios a tu vida, lo único que debes hacer es tener la disposición para que el Espíritu Santo siga trabajando en pos de esa perfección, gracias a la promesa de la redención de Dios sobre tu vida, esa es la base de la seguridad por la cual todos los días hay un poco más de perfeccionamiento por la comunión que tienes con Dios, siendo ahí donde recibes la instrucción para la obra que el Espíritu Santo siga desarrollando en tu vida hasta llegar a la meta final de ser espíritus de humanos que alcanzaron la perfección.

Un demonio, originalmente no lo era, sino que, era una creación de carácter preadámico que se rebeló en contra de Dios y es cuando deformándose quedan en calidad de demonios. El espíritu irredento se deforma y queda en calidad de espíritu inmundo. Un ángel caído, es un ángel pero dice la Biblia que ellos decidieron abandonar su preeminencia, su función, su propósito por el cual Dios los creó. Esto es importante saberlo y asimilarlo porque basado en eso, puedo decir entonces que al ser tripartitos, teniendo un orden jerárquico integral, lo primero que se evidencia a la vista de todos, es el cuerpo, luego se manifiesta el alma por los sentimientos que pueda manifestar a los demás y por último el espíritu porque es lo que se manifiesta cuando se muestra la comunión que puedas tener con Dios.

En ese orden puedo decir la importancia de la temática de este capítulo, porque entonces la parte física, eres 1 tercio de razonamiento, en la parte del alma eres 2 tercios de emociones y por último el espíritu debería ocupar 1 tercio también para formar el 100% de tu ser integral. Sin embargo, al notar que tu alma ocupa 2 tercios de emociones, es la razón, lo vulnerable y lo fácil que se puede caer en el error de pasar por alto la importancia de analizar el punto de las adicciones en el alma, de los sentires equivocados.

Después de haberte enseñado lo que ya leíste, ahora te presento la siguiente base bíblica:

Salmo 10:3 (RVA2015) Porque el impío se gloría del **apetito de su alma**, y el codicioso maldice y desprecia al SEÑOR.

Puedes pensar que, la Biblia está haciendo referencia al impío, pero entonces, ¿quién es un impío?, es alguien que dejó de ser piadoso, una palabra que se deriva de la palabra piedad. La palabra impío tiene 2 acepciones, la primera es la que ya mencioné, alguien que dejó de ser piadoso y la segunda es alguien que se niega o se cierra para no crecer en el conocimiento de Dios, ¿por qué?, porque el conocimiento que viene de parte de Dios es el poder formativo de la piedad; el propósito de conocer, de ser enseñado, la bendición de ser enseñable y de aprender el conocimiento el cual no es para jactarte de que sabes más que otros; entonces el conocimiento es el poder formativo de la piedad.

Un hombre o una mujer que verdaderamente aprende, se está formando piadosamente y el que es piadoso tiene la solvencia y el derecho de estar delante de la presencia de Dios, siendo así que al dejar de conocer, entonces la vida de esa persona se puede alejar de la vida piadosa y consecuentemente de esa solvencia para estar delante de Dios.

Aquí puedes ver entonces que una cosa trae otra; se deja el conocimiento, se deja esa solvencia para estar delante de Dios, empieza la adicción en los deseos del alma, en su apetito insaciable porque la persona cayó en un estado de impío. Lo interesante y lamentable es que, toda la creación humana está latente a caer en esa situación a menos que haya una consagración diaria, una necesidad por amor a Dios de estar en constante búsqueda de Su rostro, de Su conocimiento; aunque sin abandonar el alma, sin dejarla por un lado porque Dios te creó tripartito, entonces tu ser será salvo íntegramente.

Lo que quiero que sepas es que el alma tiene sentires, las emociones, los placeres, los deleites, pero legítimos si todo es en el orden de Dios, porque al final El la hizo para que el alma tenga deleite, placeres, para que tenga vida con emociones, con sentimientos, con sentires, porque esa es su naturaleza; el problema es cuando aquello se vuelve ilegítimo, tener sentires equivocados, tener emociones intoxicadas, envenenadas, tener sentimientos equivocados. Cuando eso sucede, el alma involuciona y se convierte en un impío porque tiene un deseo insaciable de esas cosas negativas al punto de gloriarse, como lo deja ver el versículo que te presenté.

Cuando todo esto se lleva dentro de un plano estratégico del reino de las tinieblas a través del modus operandis, eso me permite ver que Satanás sabe cómo jugar con los sentires de las personas, él sabe como manipular las emociones, los sentimientos, los placeres y deleites de una persona. Satanás es especialista en eso, aunque no tenga alma; puedo decir que de alguna manera él tuvo que haber estado en la cercanía del conocimiento de la creación humana, tiene información del tipo de creación humana que eres.

Una creación de la que tiene un pleno conocimiento, es de los querubines porque él fue prototipo de todos los querubines, por esa razón es que en el libro del

Profeta Ezequiel se describe cómo iba vestido Luzbel; entonces tiene el conocimiento de los que serían como él, pero no en su totalidad de la creación humana, pero conforme han pasado los siglos, parecería que ha ido descifrando por dónde buscar el punto débil de la humanidad, me refiero al alma y que es ahí donde están emociones, sentimientos, voluntad y mente; él ha aprendido, diría que en base al método científico de prueba y error; cuáles son las debilidades de esa parte tan importante en el equilibrio de la humanidad.

Puedo decir que, tiene la definición de saber que dependiendo de cómo esté el alma, así será su vida secular, por eso puedes ver los desánimos o un buen ánimo; por eso puedes ver hoy día cómo ha escalado en importancia, los niveles de las enfermedades mentales, cómo ha crecido la depresión, la ansiedad, el estrés crónico, esquizofrenia, demencia, paranoia, etc., todo eso está relacionado con el alma; de manera que Satanás ha adquirido cierto conocimiento, como ya lo dije, en base los esquemas que ha formado a través de los siglos en base a prueba y error.

Hace poco tiempo en los medios de comunicación masiva a nivel mundial, se empezó a enseñar acerca de la neurotecnología, donde lo que buscan es manipular información que está en las neuronas, cambiar la información que lleva cada neurona porque de esa manera cambiarían las emociones de las personas.

También existen organizaciones humanistas sociales como las que empezaron a protestar por esa situación, porque si logran desarrollar esa técnica, sería como decir que la humanidad será vulnerable a que cambien la información de las neuronas con el propósito de cambiarles sus logros en derrotas, sus alegrías en tristezas, cambiar sus sentires, por supuesto que la justificación de esto puede ser el hecho que se considere como un arma tecnológica de última generación para atacar los ejércitos contrarios y que en medio de una batalla, entren en depresión extrema para dejar por un lado las armas de fuego y así ganar las guerras.

Ahora bien, dentro de lo que Dios me ha permitido aprender a lo largo de los años de Su ministerio en mi vida, es que, todo lo que es físico y tangible es precedido por lo espiritual, invisible e intangible, es decir que, si hoy día el hombre ha descubierto a través del avance tecnológico que puede manipular las neuronas, significa que también es posible en el plano espiritual, de que Dios, siendo el diseñador de la creación humana, le haya permitido al hombre, la capacidad de transformar sus neuronas y así cambiar la forma de pensar, considerando con esto que, la renovación de la mente es lo que cada uno debe ocuparse para alcanzar.

Eso significa que, si alguien está atravesando por una crisis de desánimo, lo que Dios desea es que cambie su manera de pensar porque el desánimo llego como consecuencia de un pensamiento y sentimiento que se niega a dejar porque no quiere practicar la renovación de la mente. Entonces, si cambias tus pensamientos, estarías cambiando los químicos del pensamiento, la cadena neuronal porque es lo que sucede cuando se cambia la información en cada neurona; si logras cambiar tus pensamientos, puedes cambiar tu mente, cambias el estado de tu alma lo que te llevará a cambiar tu vida y consecuentemente el entorno que te rodea.

Por eso el Apóstol Pablo recibe la instrucción de Dios para dejar escrito en la Biblia:

Romanos 12:2 Y no os adaptéis a este mundo, sino **transformaos mediante la renovación de vuestra mente**, para que verifiquéis cuál es la voluntad de Dios: lo que es bueno, aceptable y perfecto.

Nota que no está diciendo que esa transformación la hará Dios, sino que, es algo de lo que puedes comprender que tienes la capacidad de hacerlo. Entonces, si te sientes triste, puedes cambiarlo por gozo; por supuesto que Dios puede derramar gozo en tu vida, pero si tu mentalidad insiste en sentirse desanimado, aunque el gozo te llegue fuertemente a tu cuerpo, no podrás asimilarlo; eso significa que el gozo hay que procesarlo.

Cuando el Espíritu Santo derrama gozo sobre tu vida, tienes que trabajar en tu forma de pensar. El problema hoy día, es que la ciencia se ha desarrollado tanto, como lo dice la Biblia; que pretenden cambiar la forma de pensar de la humanidad en base a tecnología, cambiar la información de las neuronas ¿por qué, porque la Iglesia de Cristo en general, representantes de Dios en la Tierra y que sostenemos el hecho de mantenernos en el diseño original en el cual fuimos creados, no lo sabemos hacer, aunque sepamos que debemos hacerlo, no lo hacemos, peor aún, muchos no lo creen y otros ni siquiera buscan la forma de hacerlo, aunque lo hayan escuchado decir desde un púlpito.

El hecho de escucharle decir a un ministro de Dios, un predicador, que la Iglesia de Cristo debemos cambiar nuestra forma de pensar, considero que es innumerable las veces que lo hemos escuchado. Todos lo hemos escuchado quizá desde que llegamos a los pies de Cristo, desde ahí empezamos a escucharlo porque el propósito de Dios siempre ha sido que haya un cambio de vida en ti y en mí.

Entonces todos podemos saber que debemos cambiar nuestra forma de pensar, pero no todos sabemos cómo hacerlo, aunque algunos creen que ese cambio es una situación meramente mística, creyendo que, si alguien al terminar el día se va a dormir pensando en eso, en cambiar la forma de pensar, se levantará al día siguiente pensando diferente, pero lamentablemente no es así, sino que, posiblemente hasta haya un incremento en las batallas.

No hay cambio si no es intencional, disciplinario, rutinario; porque cuando hablas de tener una vida disciplinada, muchos lo confunden con espiritual, quizá alguien sea espiritual pero no es disciplinado porque ni siquiera ha intentado cambiar su forma de pensar. El cambio de mentalidad tiene 5 puntos que está integrado en aquello que practicas para tener un cambio de mentalidad, cambiar tu forma de pensar, con lo cual solamente haciéndolo diariamente, durante 17 minutos, 21 días continuos, lograrás tu objetivo; es algo que incluso está comprobado; dicho en otras palabras, dejas de hacer una cosa para hacer lo que es correcto.

¿De dónde se origina esto?, porque podría ser que sin mayor conocimiento se llegue a pensar que son prácticas que están fuera del orden de Dios, sin embargo, debes saber que tienes muchísimas cualidades en ti, están para que sean puestas a trabajar en el orden de Dios porque El te diseñó con ese potencial, por ejemplo: tu cuerpo tiene una proteína llamada priónica, la cual tiene como función, viajar por tu cuerpo desde la molécula del ADN hasta llegar a tu memoria, es decir, un pensamiento que es influenciado naturalmente en la parte de la proteína priónica. Eso es un concepto científico, pero no se trata de que la ciencia lo haya impuesto en el cuerpo, sino que, ya existía, lo que la ciencia hizo fue descubrir esa cualidad de tu cuerpo.

Por eso dice la Biblia que puedes cambiar tu manera de pensar, porque realmente tienes el potencial para lograrlo, por supuesto que Dios lo puede hacer mejor que tú, pero si te dejó las herramientas para realizar algo, es para que lo pongas en práctica. Dice la Biblia que, si alguien está triste, que cante alabanzas, pero para eso es necesario cambiar la manera de pensar porque no es solamente que cantes y con eso se fue la tristeza, sino que, si estás triste debes cantar a Dios con alegría y fe, pero para llegar a ese punto necesitas cambiar tu manera de pensar.

Piensa por un momento que, si no pones por obra las cosas que debes hacer con todo ese potencial maravilloso que posee tu cuerpo, entonces Satanás lo hará a través del avance de la ciencia, de la tecnología como hoy día lo pueden hacer a través de la neurotecnología, manipular las emociones y cambiar el diseño original que Dios creó en una persona.

Las Batallas Del Alma En El Tiempo Final

2 Timoteo 3:1-4 Sabe también esto; que en los postreros días vendrán tiempos peligrosos. ² Porque habrá hombres amadores de sí mismos, avaros, vanagloriosos, soberbios, blasfemos, desobedientes a sus padres, malagradecidos, sin santidad, ³ sin afecto natural, desleales, calumniadores, incontinentes, crueles, aborrecedores de los que son buenos, ⁴ traidores, impulsivos, vanidosos, **amadores de placeres más que amadores de Dios**...

¿Qué es lo que Dios piensa de esto?

Proverbios 21:17 El que ama los **placeres se empobrecerá**; el que ama el vino y los perfumes no se enriquecerá.

Lucas 8:14 En cuanto a la parte que cayó entre los espinos, éstos son los que oyeron; pero mientras siguen su camino, son ahogados por las preocupaciones, las riquezas **y los placeres de la vida**, y no llegan a la madurez.

1 Timoteo 5:6 …pero la que se entrega a **los placeres**, viviendo está muerta.

Tito 3:3 Porque en otro tiempo nosotros también éramos insensatos, desobedientes, extraviados. Estábamos esclavizados por diversas pasiones y **placeres**, viviendo en malicia y en envidia. Éramos aborrecibles, odiándonos unos a otros.

Santiago 4:3 Pedís, y no recibís; porque pedís mal, para gastarlo en vuestros **placeres**.

Santiago 5:5 Habéis vivido en **placeres** sobre la tierra y habéis sido disolutos. Habéis engordado vuestro corazón en el día de matanza.

Como puedes ver, la Biblia tiene suficiente información para hablar acerca de los placeres ilegítimos y el que lo sostiene, no puede ver que es un adicto a los sentires equivocados, a las emociones, deleites y placeres.

Cinco Clases De Hombres

Volviendo a mencionar el hombre impío, debo clasificar 5 clases de hombres, de acuerdo con lo que menciona la Biblia, considerando que cuando digo hombre, estoy refiriéndome a la humanidad y no al hombre refiriéndome al humano de sexo masculino, sino que, tanto al hombre como a la mujer:

✓ **Hombre Natural: Psuchikos (1 Corintios 2:14)** Pero **el hombre natural** no acepta las cosas del Espíritu de Dios, porque **para él son necedad**; y no las puede entender, porque se disciernen espiritualmente.

1 Corintios 2:14 (RV 1909) Mas **el hombre animal** no percibe las cosas que son del Espíritu de Dios, porque **le son locura**: y no las puede entender, porque se han de examinar espiritualmente.

Este no es el rubro al que perteneces por cuanto Dios te rescató, sin embargo, debes saber que hubo una transición en todo esto, es decir, empezaste siendo natural y posteriormente carnal.

✓ **Hombre Carnal: Sarkikos (Romanos 7:14)** Porque sabemos que la ley es espiritual, pero **yo soy carnal**, vendido a la esclavitud del pecado.

Recuerda que la Biblia está enseñando a través del Apóstol Pablo, el perito arquitecto de la Iglesia de Cristo; eso significa que toda frase que involucra a una persona, es precisamente él quien atravesó aquellas situaciones, sin embargo, al final del camino, llegó a decir que ya había terminado la carrera y que solamente le restaba esperar la corona que Dios le entregaría (**2 Timoteo 4:8**). Eso significa que, sin importar el nivel donde hoy puedas estar, tienes una oportunidad que debes aprovechar.

- ✓ **Hombre Sensual: Athesmo (2 Pedro 2:7)** …si rescató al justo Lot, abrumado por la conducta sensual de hombres libertinos…

Nuevamente puedes ver el ejemplo de otro personaje de la Biblia que a pesar de todo lo que pudo haber visto, fue librado del juicio contra aquellas ciudades de Sodoma y Gomorra.

- ✓ **Hombre Espiritual: Pneumáticos (Gálatas 6:1)** Hermanos, aun si alguno es sorprendido en alguna falta, **vosotros que sois espirituales**, restauradlo en un espíritu de mansedumbre, **mirándote a ti mismo**, no sea que tú también seas tentado.

El hecho que diga la Biblia que eres espiritual y que de esa manera tienes un llamado a restaurar a otros, también debes recordar de dónde vienes y lo que hoy eres.

- ✓ **Hombre de Dios: Theos (1 Timoteo 6:11)** Pero tú, oh **hombre de Dios**, huye de estas cosas, y sigue la justicia, la piedad, la fe, el amor, la perseverancia y la amabilidad.

Cuando finalmente llegas a este nivel de vida, es cuando más debes cuidarte del adversario para no retroceder, para no ser engañado y caer en ninguna de sus trampas. Por eso no puedes pensar que si hoy estás alcanzando el nivel de hombre de Dios, el diablo no puede tentarte; en ese nivel es cuando más tentaciones te lanzará para hacerte tropezar, para tentarte y que caigas en pecado, consecuentemente, empezar una involución hasta llegar al hombre natural.

Por supuesto que cuando hablo de tentación, no estoy refiriéndome solamente al pecado de tipo sexual, sino que, todo aquello que pueda significar esclavitud de tu ser, dependencia para ser feliz; puedes depender solamente de Dios para ser feliz porque El es tu Padre, tu Dios, tu creador y es con quien deseas tener constante comunión, pero no puedes estar dependiendo de nada más ni de nadie más que Dios.

Creo que aquí es donde debo mencionar que puede ser el momento cuando saldrán a la vista aquellas cosas que no sabías que las llevabas dentro, porque el diablo a través de sus esquemas ancestrales, puede ver qué es lo que está en tu ADN y pretender activar un cromosoma que lo has tenido dormido aún de generaciones pasadas, pero como tú eres un guerrero espiritual del ejército de Jehová de los ejércitos, entonces levantará todo ataque espiritual para estorbar tu caminar en el nivel de hombre de Dios.

Recuerda que eres importante para Dios, pero también para el diablo porque si Dios te ve como Job, el diablo igualmente te verá como vio a Job y pretenderá ponerte a prueba, ante lo cual debes sujetarte fuertemente de la mano de Dios.

Creo conveniente mencionar que uno de los niveles a los que más debes ponerle atención es al nivel de hombre sensual, porque esa palabra no está vinculada solamente con el aspecto sexual, sino que en su etimología lo que significa es, desviado por su propio sentido, un ejemplo lo puedes ver en la vida de Sansón, fue un juez, un varón de Dios, pero fue desviado por sus propios sentidos.

Antes que Sansón empezara a tener comunicación con Dalila, él se la pidió a su papá, le dijo que ella era la que deseaba porque le era perfecta ante sus ojos.

Jueces 14:3 (LBLA) *Le respondieron* su padre y su madre: ¿No hay mujer entre las hijas de tus *parientes* o entre todo *nuestro* pueblo, para que vayas a tomar mujer de los filisteos incircuncisos? Pero Sansón dijo a su padre: Tómala para mí, porque ella **me agrada**.

De acuerdo con los estudiosos de la Biblia, los que tradujeron la versión La Biblia de Las Américas, la parte que dejé resaltada, dicen que literalmente se traduce: **es perfecta en mis ojos**. Esto fue porque el enemigo buscaba con Sansón una adicción a los sentires, en este caso fue en el área sexual, pero no solamente puede ser así, puede haber cosas que posiblemente desconozcas, razón por la cual debes estar en constante comunión con Dios para no darle espacio al enemigo a que una tentación te hará tropezar.

Alma Adicta

¿Qué es una adicción?

Adicción significa hábito, afición desmedida, dedicación o dominación por el uso de droga, alcohol, sexo, pornografía o juego etc., esto es según la Real Academia Española.

En base a eso puedo decir que adicción es un hábito psicológico o fisiológico que depende de sustancias o prácticas que son anormales o están fuera del control.

> ✓ Adicto es una palabra antigua, que existía mucho antes de que se hablara de adicciones o de drogadictos (palabra más nueva aún, del inglés drug addict).

- ✓ Adicto significaba y significa todavía, dedicado, muy inclinado, apegado a sentires, emociones, sentimientos, placeres y deleites equivocados o ilegítimos.

- ✓ Todas las adicciones se vuelven una obsesión y más tarde las personas serán encadenadas y entregadas a fuerzas del espíritu **PONEROS** que llevará a la esclavitud de las vidas.

Las Adicciones y El Cerebro

Todas las adicciones cambian el cerebro de las personas y las afectan de varias formas. Los daños en el cerebro son lo que los ojos naturales no han podido ver.

Como las adicciones afectan la vida de las personas

- ✓ Con problemas legales (viola leyes espirituales y terrenales).
- ✓ Con problemas familiares (divorcios, vergüenza de los padres etc.).
- ✓ Con problemas de salud.

La buena noticia es que las personas afectadas pueden ser libres si tienen el tratamiento adecuado, especialmente si alcanzan el conocimiento necesario de parte de Dios.

- ✓ La pérdida del placer normal, paradójicamente conduce a la búsqueda del placer excesivo y eso da lugar a la adicción de otras cosas.

El nacimiento de la adicción es cuando Satanás ha extraído el placer normal, bloqueando el centro del sistema del placer.

- ✓ La adicción nace, cuando se pierde el sentido del placer o deleite normal.
- ✓ La adicción puede llegar a robar el verdadero placer o deleite.
- ✓ La adicción es el abuso al placer, como consecuencia de haber sido bloqueado el placer normal.
- ✓ Luego la adicción produce comportamiento negativo.
- ✓ Hay adictos a la comida, al deporte, al sexo, etc.
- ✓ La adicción siempre implica una pérdida de control sobre los pensamientos, sentimientos, ideas o comportamientos.

(Adicto) Griego: tasso - G5021

Entendiendo Las Adicciones Del Alma

(Adicciones de las sensaciones equivocadas)

Capítulo 5

Siendo un guerrero espiritual de Jehová de los ejércitos, debes saber que Dios no se limita a liberar o restaurar a una persona, de una sola forma o con determinado número de esquemas; El puede hacerlo con todos los métodos que seguramente has ido aprendiendo mientras sigues siendo equipado espiritualmente, sin embargo, también lo hace mientras una persona está alabando, adorando, cuando esa persona está escuchando una predicación, una enseñanza de la palabra de Dios, en el momento cuando se dispone a abrir el entendimiento para recibir la revelación de Su palabra, ese conocimiento celestial que desciende a su vida; lo hace entonces porque el deseo de Dios es que aprenda, pero no lo logrará si no es libre, de manera que mientras Su palabra está siendo impartida, primero libera a la persona que lo necesite y seguidamente desciende ese conocimiento maravilloso de Su palabra para que haya enseñanza y aprendizaje.

Fue eso precisamente lo que sucedió cuando Jesús les enseñaba a los discípulos judíos, les enseñaba para que aprendieran y con ese conocimiento entonces serían verdaderamente libres. Una vez más debo mencionar que la libertad a la que estoy refiriéndome, no es una libertad privada por espíritus inmundos o demonios, sino que, una libertad que a veces priva a una persona, a consecuencia de situaciones adversas en su corazón; por eso es imprescindible el conocimiento que Dios desea que aprendas.

Un punto muy importante y que a menudo se pasa por algo, es el hecho de entender el por qué de lo que suceden las cosas en el alma, en este capítulo veras entonces la forma de entender esas adicciones, pero no es un entender que esté basado en comprender para dar consuelo y que la gente siga bajo esa misma situación, sino más bien, entender de dónde pueden venir, entender su origen; de ahí entonces la importancia al saber también, cuál puede ser la forma como se está nutriendo el alma que está envuelta en pecados, porque para que aquello se mantenga latente, debe estar siendo nutrido de sentires, placeres, emociones y sentimiento equivocados.

Cuando Satanás detectó que dentro de ti hay un ente llamado alma, encontró que es el lugar donde está el asiento del alma que contiene las emociones, donde está la mente, donde hay voluntad. Interesantemente cuando Dios espera algo de ti, por supuesto que sin que El necesite nada de nadie, pero Dios es así; entonces resulta que cuando El espera algo de ti, lo que quiere ver, medir o pesar es la forma como lo estás entregando o realizando lo cual se manifiesta desde el asiento del alma donde están las emociones, por eso no podrías quedarte sin esa parte tan esencial de tu vida; porque quizá pienses que sin alma está la solución, pero de ser así, te quedarías en calidad de robot, por eso, cuando Dios te pida algo, debes hacerlo con un gozo que salga de lo más profundo del corazón de tu alma.

Un ejemplo que puedes ver en la Biblia, es el hecho que Dios levanta a Juan el Bautista en su ministerio precisamente de ser bautista en agua para el perdón de los pecados de los hombres; pero resulta que un día llega Jesús y sin ser pecador, participa del bautizo de Juan, aún sin que Jesús fuera pecador participa de ese bautizo, lo que dio lugar a que el Padre se agradara de Jesús diciendo: **este es mi hijo amado en el cual tengo complacencia**. Pero Jesús pudo haberle dicho que si se bautizaba estaba aceptando que lo vieran como un pecador, sin embargo no lo dijo sino que, hizo la voluntad del Padre y lo hizo con gozo.

Ante todo esto, Juan el Bautista se queda extrañado porque antes de que Jesús llegara a bautizarse, Juan el Bautista había dicho que llegaría uno de quien no era digno ni de desatar la correa de sus sandalias; esto deja ver entonces que Jesús no debía participar de ese bautizo porque no era pecador, sin embargo lo hizo por complacer al Padre.

Algunas versiones de la Biblia tradujeron que la voz del Padre dijo, en el momento cuando Jesús se bautizó, que El era el hijo de Su beneplácito; lo cual es más profundo que la voluntad porque la voluntad Dios te la revela para que sepas qué es lo que El desea, pero el beneplácito no lo revela, sino que viene a ser aquel esfuerzo que un cristiano hace para descubrir con qué se contenta a Dios; eso fue lo que hizo Jesús, llegó al beneplácito del Padre y El lo expresó.

Hoy puedo decirte que, en el tiempo final en el cual hoy vivimos y que está plagada de una generación adicta de muchas cosas en su alma; estás siendo librado por el conocimiento que el Espíritu Santo está derramando sobre tu vida como un conocimiento que debes hacerlo vida en tu corazón y al ponerle la fe necesaria en Dios, serás librado de toda adicción. Esa es una de las razones de esta literatura, para que puedas ser bendecido y confrontar cualquier situación adversa en tu alma. Por supuesto que, si por alguna razón hubiera batallas que hayas identificado en tu alma; orándole a Dios, El puede romper con esa situación y que seas libre para que a partir de hoy pelees por sostener tu libertad.

También debes saber que, prácticamente todo lo que haces todos los días de tu vida, de alguna manera está conectado a la emoción, obteniendo así una respuesta emocional de tu alma, dicho en otras palabras, eres una respuesta emocional, todos los días, a cada momento y en todo lugar, eres una respuesta emocional.

Por esa razón es que el diablo, sabiendo el potencial que llevas dentro, intentará manipular tus emociones y sentimientos porque sabe cómo hacerlo; de manera que, siendo el principal líder del reino de las tinieblas, los espíritus inmundos y demonios también saben cómo hacerlo; podría decir que es como parte de su conocimiento básico porque el pecado necesita nutrirse de sentires, placeres, emociones, sentimientos ilegítimos, ¿por qué lo creo?, porque eso es lo que deja ver la Biblia:

Salmo 10:3 (RVA2015) Porque **el impío se gloría del apetito de su alma**, y el codicioso maldice y desprecia al SEÑOR.

Alma Adicta

En el capítulo anterior describí lo que verás a continuación, pero considero necesario recordarlo aquí para lo que continuaré exponiendo, refiriéndome así a lo que significa adicto, porque ese término como tal, es muy antiguo y su significado, podría decir que era más amplio de lo que hoy se considera como tal:

- ✓ Adicto es una palabra antigua, que existía mucho antes de que se hablara de adicciones o de drogadictos.

- ✓ Adicto originalmente significa: dedicado, muy inclinado, apegado a…

- ✓ **(Adicto) Griego: tasso - G5021**

Hoy día, cuando alguien habla de un adicto, inmediatamente llega a la mente la idea de una persona con problemas de drogadicción, pero realmente el concepto de la palabra adicto, va mucho más a la drogadicción, alcoholismo, etc. Esto me deja ver que, para llevar a una persona a que sea impía, las tinieblas trabajan en pos de dedicarlo, ponerlo muy inclinado y apegarlo a un estado contrario al conocimiento de Dios. Un piadoso busca de Dios en todo momento, un impío dejó de evolucionar espiritualmente para involucionar y dedicarse a los deseos carnales en general.

Alma Adicta A La Vida Impía

Por eso es que el conocimiento es el poder formativo de la piedad, el conocimiento no es que alguien se jacte que sabe mucho o más que otros; de manera que, si lo que conoces no está llevando un impacto para volverse piadoso, entonces solamente es información lo que una persona pueda estar trasladando. De aquí entonces la razón de este versículo:

Proverbios 21:16 El hombre que se aparta del camino del saber reposará en la asamblea de los muertos.

Por eso es peligroso que alguien preste atención a los placeres del mundo porque en determinado momento podría encontrar una forma de acomodarse para estar en ambos ambientes, me refiero a ser cristiano los domingos en la Iglesia y carnal de lunes a sábado hasta que finalmente se convierte en un impío abandonando el conocimiento de Dios.

Timoteo 2:15-16 (VM2) Procura con diligencia presentarte ante Dios como ministro aprobado, obrero que no tiene de qué avergonzarse, manejando acertadamente la palabra de la verdad. **16** Mas evita los discursos profanos y vacíos; porque **los adictos** a ellos avanzarán más y más en la **impiedad**...

¿Cómo puede suceder esta situación?, porque un adicto del alma buscará cada vez más involucrarse en aquello que lo ha separado de Dios; por supuesto que, al estar en esa dimensión, no logrará identificar que ha involucionado espiritualmente hablando, lo que buscará es estar cada vez más apegado al mal.

Es por esa razón que una persona, después de haber sido cristiano piadoso y habiendo caído en un estado de impío, será sumamente difícil volver a evangelizarlo, mucho más difícil que un inconverso.

Eclesiastés 8:8 (VM2) Nadie hay que tenga potestad sobre el espíritu suyo, para retener el espíritu; ni tiene autoridad el día de la muerte; y no hay descargo en esta guerra: y **la maldad no podrá librar a los que le son adictos**.

Alma Adicta A La Idolatría

Esto deja ver entonces que las almas pueden caer en adicciones, sin que esto sea parte de una religiosidad, el alma puede crear una idolatría como parte de su adicción:

Isaías 44:10 (VM2) ¿Quién es aquel que ha formado **un dios**, o fundido una escultura, que para nada sirve? [11] He aquí que **todos sus adictos serán avergonzados**; y artífices son de raza humana, ¡júntense todos, preséntense! ¡temblarán, serán avergonzados a una!

Nuevamente debo hacer énfasis en un punto muy importante, porque podría ser que alguien piense que este punto sea para las religiones que están sumidas en idolatría; pero la realidad es que Dios le está hablando a Su Iglesia, a todo cristiano que pueda estar idolatrando cualquier cosa o persona; algunos dicen que no los hacen que se inclinen ante una imagen burda, pero idolatran hombres, posiciones, dones, capacidades, habilidades, etc., lo que debes hacer en todo momento es poner tu esperanza en Dios.

Tu eres parte de la Iglesia de Cristo que vive en el final de los tiempos, con experiencias maravillosas de las cuales los antiguos desearon saber acerca de estos tiempos, pero no se les concedió:

1 Pedro 1:10-12 (TLA) Los profetas estudiaron con cuidado todo acerca de esta salvación, y hablaron de lo que Dios, por su amor, les daría a ustedes. **11** Antes de que Cristo viniera al mundo, su Espíritu les enseñaba a los profetas lo que él debería sufrir aquí en la tierra, y también les enseñaba todo lo hermoso que sucedería después. Y los profetas intentaban descubrir quién sería el Mesías, y cuándo vendría al mundo. **12** Pero Dios les hizo entender que lo que ellos anunciaban no era para ellos mismos, sino para ustedes. Ese es el mensaje que les dieron a ustedes quienes les comunicaron la buena noticia. Y lo hicieron con el poder del Espíritu Santo, que fue enviado del cielo. ¡Esto es algo que los ángeles mismos hubieran querido ver!

La forma en que todo el escenario final está tomando lugar hoy día, es algo que ellos desearon ver, el tiempo final que hoy puedes ver alrededor del mundo fue profetizado y aunque no lo comprendieron, lo dejaron escrito para ti y para mí para que sirviera de confirmación que el día del encuentro con el Señor Jesucristo en la nubes, se acerca cada día más, razón por la cual es imprescindible que no seas engañado por las tinieblas ni que dejes que manipulen tu alma bajo ninguna circunstancia.

Alma Adicta A La Maldad

Hechos 19:35 (VM2) Y cuando el síndico hubo apaciguado la multitud, les dijo: Señores efesios, **¿quién hay de los hombres que no sepa que la ciudad de los efesios es sumamente adicta al culto de la gran Diana**, y de la imagen que bajó de Júpiter?

Diana era una de las entidades más influyentes en esa región de Asia menor, Diana representaba el culto idolátrico porque le atribuían calificativos como el hecho de ser madre de efesios, le atribuían los poderes místicos, sobrenaturales, etc. De manera entonces que existe gente que es adicta a lo místico, lo único que hacen es ver manifiesto de sobrenaturalidades. El poder de Dios está disponible para la Iglesia de Cristo, pero el principio bíblico dice que las señales seguirán a la palabra de Dios, por eso, si expones Su palabra como es debido, los milagros llegarán consecuentemente, el problema es que muchos menosprecian la palabra de Dios y quieren estar viendo milagros en todo momento, principalmente si es manifestado a través de ellos.

Por eso necesitas saber qué hacer para mantener tu deleite dentro del parámetro de lo que es legitimo a los ojos de Dios y que el te lo ha concedido en el diseño de tu anatomía. La pregunta surge, ¿cuándo inició toda esa manipulación de las tinieblas que describe la Biblia en relación con la adicción del alma?

La Génesis de Las Adicciones de Las Sensaciones Equivocadas Del Alma

Es necesario llegar a la primera mención en la Biblia, donde tuvo lugar precisamente la ley de la primera mención, porque ahí encontrarás el panorama que aquello que ocurrió en el principio, y tener la perspectiva de la forma como ocurrirá hasta el final del tiempo. Si ves desde el principio, el modus operandis del reino de las tinieblas, notarás que ha estado tratando de convertir el alma en un alma adicta a sentires, emociones, sentimientos, deleites y placeres equivocados, podrás ver que toda la historia de la humanidad ha estado bajo ese ataque, también verás en la Biblia a personajes que no pudieron defenderse, siendo derribados bajo esa estrategia.

La situación es que, si ese modus operandis estará hasta el final; el tiempo final que se describe en la Biblia ha llegado a la humanidad, no hoy, sino desde hace algún tiempo, de manera que hoy si puedo decir que estamos viviendo la última milla para acercarnos a la meta del supremo llamamiento que tenemos en Cristo Jesús.

El Apóstol Pablo hace mención, de la primera mención, de cuando se manipuló por primera vez el alma para caer en las adicciones que tanto he estado repitiendo, pero lo hago porque considero que también servirá para que lo tengas debidamente identificado y que en cualquier momento puedas poner un alto a cualquier estrategia que las tinieblas lancen contra tu vida.

2 Corintios 11:3 Pero temo que, así como la serpiente con su astucia engañó a Eva, vuestras mentes sean desviadas de la sencillez y pureza de la devoción a Cristo.

Hay gente que se deleita en la pureza de Dios y otros que la aborrecen, así como unos aman la pureza, otros aman la impureza; así puedes ver cómo el Apóstol Pablo está señalando lo que sucedió en el principio como una advertencia a la Iglesia de

Corinto porque ese modus operandis sigue en operación.

LA PRIMERA MENCIÓN

Génesis 3:4-6 Y la serpiente dijo a la mujer: Ciertamente no moriréis. ⁵ Pues Dios sabe que el día que de él comáis, serán abiertos vuestros ojos y seréis como Dios, conociendo el bien y el mal. ⁶ Cuando la mujer vio que el árbol era **bueno para comer**, y que era **agradable a los ojos**, y que el árbol era **deseable** para alcanzar sabiduría, tomó de su fruto y comió; y dio también a su marido que estaba con ella, y él comió.

Lo que Dios había dicho a los primeros de la humanidad, era que habitaran y disfrutaran todo lo que había habilitado en lo que El llamó el Edén. Interesantemente la palabra Edén significa, deleite, placer, sentires, sensaciones; ese era el hábitat de ellos para deleitarse, para tener emociones saludables porque estaban, como decir, en la tierra que produce buenas sensaciones para disfrutar el placer de Dios.

De la cita anterior, quiero resaltar las siguientes por su vinculación y su significado:

✓ **Bueno H2896** tob

- Agradable, alegre
- Alegría, gusto
- Placer

✓ **Agradable H8378** taavá;

- Deseo
- Ansia, anhelo del corazón
- Lujuria, apetito, codicia
- Cosa deseada, objeto de deseo

✓ **Deseable H2530**; châmad, kjamád

- Tomó un placer y comenzó a deleitarse en eso
- Lo puso en su mente para ser deseable siempre
- Deleitarse en gran medida
- Desear grandemente
- Desear apasionadamente

Estas palabras están relacionadas para describir la forma como se siente una persona, a sensaciones, deleite, placer, a lo que puede ser considerable como disfrutable. Lo que puedo ver también es que, el alma estaba experimentando por primera vez todo lo que le producía precisamente un sentir por lo que tenía a su alrededor porque el Edén era un lugar placentero.

El problema fue que, en el momento que la mujer experimentó aquello que superaba lo que experimentaban todos los días, su alma fue cautivada en esa sensación, lo puso en su mente y eso le produjo una nueva forma de sentir placer, al punto de pasar los límites de la medida que les era permitido para no caer en adicción. Dios permite que tengas deleite en muchas cosas pero con medida, en caso contrario lo desearía cada vez más, grande y apasionadamente. Satanás manipuló los químicos de la dopamina del sistema del placer, como decir que en lugar de diversión, se convirtió en libertinaje.

Los Químicos Del Placer

Las sustancias químicas del cerebro que están vinculadas con el placer son llamadas neurotransmisores dentro de las cuales están las siguientes:

- ✓ Dopamina
- ✓ Serotonina
- ✓ Norepinefrina
- ✓ GABA (Ácido Gama Aminobutírico)

Cuando estos químicos están fuera de su balance, el ataque emocional tiene efecto en la persona, por ejemplo:

Dopamina, es el químico mensajero que hace sentirte bien.

- Cuando alguien te felicita porque hiciste una cosa, ese químico te hace sentir bien.
- Cuando una mujer está mal emocionalmente y el hombre le dice cosas bonitas, ese químico le lleva un mensaje de hacerla sentir bien.

Advertencia

Cuando una persona se siente mal emocionalmente, es cuando corre gran peligro de una trampa del diablo, la llevará a que haga cosas equivocadas, tratando de encontrar la forma de sentirse bien.

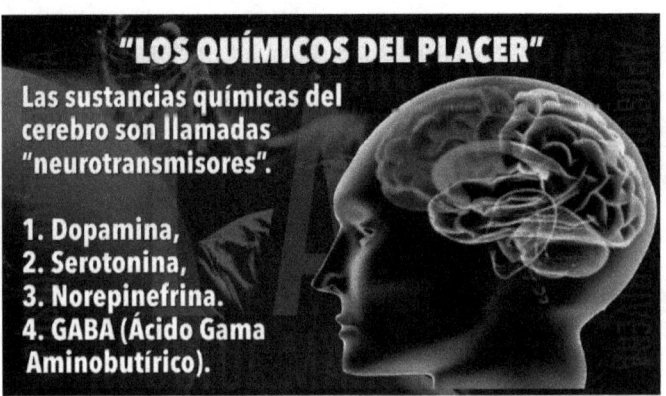

Otros químicos

Testosterona, oxitocina, serotonina.

Estos fueron los químicos que Satanás astutamente manipuló desde su exterior a través de la vista y el oído, para que desobedecieran a Dios. Con esto debes comprender que Adán y Eva no eran eternos, eran seres humanos, eran inmortales, pero no eternos, su inmortalidad dependería de la medida en que se alimentaran de aquello, como una especie de nutrición que sostenía la inmortalidad.

El problema fue cuando Satanás entró con su engaño para que Eva viera las cosas de la forma como lo vio y se produjera lo que ya describí, pero el punto es que entonces todo ese ataque llegó a operar en su forma de ver las cosas, su forma de pensar fue alterado para pasar el límite que era lícito y se convirtiera en algo ilícito.

El Alma Adicta Es Anhedonica

El desbalance de los 4 químicos del cerebro producen efectos que, cuando hay demasiada concentración de estas sustancias o componentes químicos, te sientes energizado ya que los niveles moderados de dopamina te híper estimulan y el placer es mayor que el placer normal y la persona le presta demasiada atención a esa sobre estimulación y no logra separar lo que es normal y permitido con lo que es presión para llevar a romper la voluntad de Dios y convertirse en pecado.

Dicho en otras palabras, al sufrir una sobrecarga de placer, no detecta el límite que debe respetar, entonces regresa a lo que ya le produce mucho placer, para tener otra sobredosis; un ejemplo que puedo citar es lo que produce la pornografía en una persona, no solamente se le manipula la dopamina, se sobrecarga y la persona entonces cae en un placer fuera de la voluntad de Dios.

La Dopamina: el químico del placer

La dopamina lava el cerebro con un sentir de placer, de manera que cuando el enemigo juega con las emociones, sentimientos, placeres, y deleites ilegítimos, primero hace que en su lado químico la persona tenga, una especie de enjuague de químicos en su cerebro con el propósito que la persona siempre vaya en búsqueda de mayor placer.

- ✓ Comienza en el frente del cerebro.

- ✓ El enjuague afecta la parte frontal del cerebro donde se encuentra el razonamiento, por el exceso de dopamina en la manipulación, por eso el arma que mayor efecto le produce a Satanás es la tentación, porque es para manipular el sistema de placer. Cuando una persona está siendo sometida a la tentación de algo que Satanás sabe que le puede afectar su mente; aquella persona nunca rechazará la tentación, quizá pretenderá dar esa apariencia, pero internamente será todo lo contrario.

✓ De manera que afecta el razonamiento de la persona, al grado de no aceptar consejos y correcciones.

✓ Si la persona se detiene de aquellas adicciones, puede tardar hasta 2 años en restaurar ese razonamiento afectado por el exceso de dopamina.

✓ El razonamiento es afectado con las adicciones.

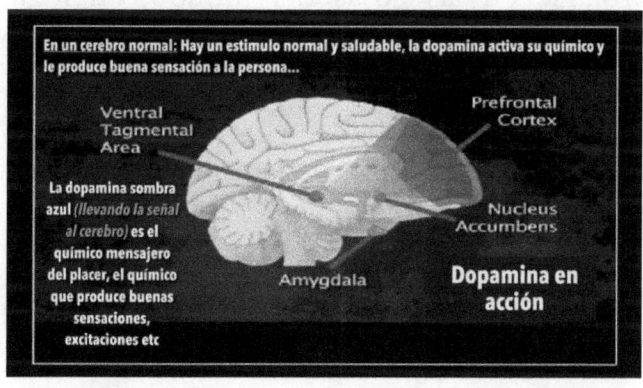

En otras palabras los hizo Anhedonicos

- La anhedonia del griego: an "falta de" y hedoné "placer", es la incapacidad para experimentar placer naturalmente.

- La anhedonia es un término que expresa la incapacidad de disfrutar de las cosas agradables de la vida y de experimentar placer tanto en el aspecto físico, como psicológico.

Este es el punto donde un impío cae, en lugar de llenar su vida de alabanza para alabar a Dios, la rechaza y busca las cosas seculares, esperando un mayor placer que las cosas espirituales. Todo esto tuvo lugar porque cuando pudo haber detectado que se estaba separando de Dios, prefirió pasarlo por alto y enrolarse en las cosas del mundo, en lugar de buscar ayuda para neutralizar aquel ataque satánico.

Si la persona se detiene en el camino y pide ayuda porque no quiere volver al mundo, Dios que es infinito en misericordia, envía el oportuno socoro:

Salmo 37:4 Pon tu delicia en el SEÑOR, y Él te dará las peticiones de tu corazón.

Este es el llamado de Dios diciendo que aquella persona puede volver sin que haya acusación, Él está dispuesto a perdonar y extiende Su poderosa mano al necesitado. Es Dios diciendo que vuelvas a buscarlo, que dejes cualquier cosa que te haya apartado de Su presencia, que vuelvas para experimentar nuevamente lo que es estar juntos en armonía, es como el buen óleo que cae sobre la cabeza de Aarón y desciende por su barba hasta llegar al borde de sus vestiduras, ahí enviará Jehová Su bendición y vida eterna.

Deléitate en el derramamiento de Su Santo Espíritu, deléitate en Sus aromas, en el vino celestial, en los aromas que emanan de Dios, aroma de amor, de paz, gozo, pureza, santidad, fe, poder, unidad, todos esos son los aromas celestiales que salen del cuerpo bendito del Dios de la gloria, deléitate en Sus ojos cuando te ve, deléitate en Sus palabras cuando te habla, deléitate en el timbre de voz cuando lo escuches, deléitate cuando te envía esa palabra para levantarte de cualquier desánimo, deléitate cuando te dice que Su paz te deja.

Pon tu delicia en el Señor, si el enemigo atacó el sistema de placer lícito y agradable a los ojos de Dios, debes recuperarlo, busca tu libertad, que tu alma sea libre de las adicciones, de aquellas cosas equivocadas e ilegitimas porque eso es parte de la batalla del tiempo final.

Las Batallas Del Alma Del Tiempo Final

2 Timoteo 3:1-4 Sabe también esto; que en los postreros días vendrán tiempos peligrosos. ² Porque habrá hombres amadores de sí mismos, avaros, vanagloriosos, soberbios, blasfemos, desobedientes a sus padres, malagradecidos, sin santidad, ³ sin afecto natural, desleales, calumniadores, incontinentes, crueles, aborrecedores de los que son buenos, ⁴ traidores, impulsivos, vanidosos, **amadores de placeres más que amadores de Dios**…

De manera que, tener placeres debe ser un asunto de discernimiento porque puede ser muy peligroso cuando no es legítimo.

La estrategia de Satanás

- ✓ La Anhedonia vuelve a los creyentes en anhedónicos.

- ✓ Ya no disfrutan lo de Dios y se inclinan a buscar el deleite y placer o apetitos de otras cosas (la carne, lo almático, lo corporal y temporal).

2 Pedro 2:13 (LBA) …sufriendo el mal como pago de su iniquidad. Cuentan por **deleite andar en placeres disolutos** durante el día; son manchas e inmundicias, deleitándose en sus engaños mientras banquetean con vosotros.

Cuando un creyente ha caído en la Anhedonia, es un anhedónico; su comida será otra porque su placer está trastocado, traspasó los límites de todo cuanto puede hacer para tener gozo y al mismo tiempo agradar el corazón de Dios.

Salmo 119:47 (LBA) Y me deleitaré en tus mandamientos, los cuales amo.

En tu mente existe un lugar llamado centro del placer, donde está marcado un límite que, a su vez, antes de llegar a ese límite, tienes libre acceso; diríamos que con equilibrio puedes hacerlo bajo la perspectiva que fue Dios quien marcó ese límite.

Cuando sientes deleite, tus emociones están involucradas, aún tu memoria se activa por medio de olores, palabras, sonidos, melodías, colores, escenas, etc., si estás dentro de los límites de Dios, no habrá problema, pero si lejos de gozar libertad, estás en libertinaje; cuando tu memoria se activa sobre recuerdos del pasado, llegará la tentación al pecado con mucho riesgo de caer y fallarle a Dios, porque en una sobre estimulación del placer, empieza la barrera al centro de placer equilibrado, debido al exceso de dopamina; entonces solamente un alto estímulo puede alcanzar el centro de placer debido a que es Satanás el que está manipulando todo aquello que afecta tu alma.

La Memoria De Los Placeres

El hombre fue diseñado por Dios para experimentar legítimamente placer, sin embargo, Dios le marca límites al placer para poder discernir su legitimidad, pero ignorarlos le ha llevado a tener un costo muy alto. De tal manera que el placer puede llegar a ser algo que se puede alcanzar pero de manera ilegítima. Basado en esto, fue que todo comenzó a desviarse en el huerto del Edén.

H5730 éden: placer: deleite, delicadeza, delicia. Véase también H1040.

Cantares 8:4 (PDT) Mujeres de Jerusalén, júrenme por lo que más quieran, que no molestarán al amor, que no lo despertarán hasta que sea el momento indicado.

Este pasaje deja ver el peligro que todo ser humano vivirá al experimentar un romanticismo o amor prematuro. Aquí es un asunto de placer, de deleite; ¿por qué es importante saber el tiempo en que debe ser despertado el amor?, porque Dios establece los tiempos para cada cosa, de manera que si aquello tiene lugar antes de su debido tiempo, será Satanás el que aprovechará para manipular el alma estigmatizándolo con los deleites y placeres ilegítimos para ese momento.

Cuando alguien experimenta sensaciones antes de tiempo, la operación de las tinieblas se hace presente para que aquella persona le quede el recuerdo a manera que se active cada vez se le presenta un escenario o que cualquier otra cosa se lo active y se haga esclavo de sensaciones ilícitas por estar fuera de tiempo.

Dios les había dejado la instrucción, los límites, les había enseñado qué es lo que debían hacer, sin embargo, Eva le puso más atención a la enseñanza de Satanás, que a la enseñanza de Dios.

Por eso explicaré cómo trabaja esto para poder aprender a discernir los placeres que tienes y hacer lo que las escrituras revelan y no caer en los placeres ilegítimos de los días finales, que te alejan de Dios o para ser libre de los ciclos negativos de los placeres negativos.

El Aprendizaje Del Placer

Cuando existe un aprendizaje, surge la necesidad primitiva del placer, por eso las primeras preguntas en el huerto fueron estas:

- ¿Quién te enseñó de ese placer?
- ¿Quién lo activó?
- ¿Quién lo descubrió?

- ¿Quién lo estableció en tu vida?

También conocidos como gustos entrenados:

Primero: viene el aprendizaje de los gustos, según la historia personal de cada uno.

- Necesito comer, disfrutar aquello, etc.

Segundo: creo que es sabroso para probar.

Génesis 3:11-12 Y le dijo Dios: **¿Quién te enseñó** que estabas desnudo? ¿Has comido del árbol de que yo te mandé no comieses? **12** Y el hombre respondió: **La mujer que me diste** por compañera me dio del árbol, y yo comí.

-. Cada placer crea una memoria y al recordarlo produce regocijo, así es como el cuerpo experimenta esas emociones que, a largo plazo, entrenan las preferencias y gustos de cada persona.

-. Aprender y retener lo aprendido está relacionado con el placer.

-. Recuerdas un placer porque la dopamina activa al hipocampo para que lo archive.

-. Luego se convierte en otra parte llamada la necesidad primitiva del placer.

-. Debes aprender a retener lo que Dios te ha enseñado y desechar cualquier contaminación satánica, ¿cómo?, una forma es llenándote de la presencia de Dios, anhelando la llenura del Espíritu Santo.

Existe un versículo cuando Dios le habla a Israel, mencionándole precisamente ese primer amor no contaminado:

Jeremías 2:2 Ve y clama a los oídos de Jerusalén, diciendo: Así dice el SEÑOR: "**De ti recuerdo el cariño de tu juventud**, el amor de tu desposorio, de **cuando me seguías en el desierto**, por tierra no sembrada.

La nutrición y dieta de los placeres, gustos, deleite o apetito

Un ejemplo acerca de cómo evolucionan los placeres legítimos, lo puedo citar de la siguiente forma:

1.- La mamá alimenta a través del cordón umbilical a su bebe.
2.- La mamá le cambia el gusto al amantarlo.
3.- La mamá le da otro deleite a su gusto al darle las primeras comidas.
4.- La casa donde comienza con la comida sólida.

5.- Los ambientes exteriores que le cambian su comida en la escuela, etc.

Otro ejemplo dentro del orden de Dios:

1.- El hombre y la mujer al casarse y tener su primer encuentro íntimo, crean apetitos sexuales entre ellos como pareja, eso es normal.

Una relación de intimidad antes del matrimonio, igualmente crean apetitos, la mujer al hombre y el hombre a la mujer; pero el problema surgirá cuando cada uno contraigan matrimonio con otra persona, ¿por qué?

Tendrá el deseo muy alto porque tiene la lascivia, la concupiscencia, los placeres de otra persona que convenció primeramente al acto ilícito, porque quien te convenció antes de tiempo, te crea los placeres; eso significa que las personas que formaron tu apetito, tarde o temprano, si no cambias tu medida de placer, corres el peligro de desear un placer mas alto, es decir, no te conformarás con una relación en matrimonio, sino que, buscarás otra que te sacie más y más. Por supuesto que esto es con relación al sexo, pero no solamente ahí están los placeres, sino, también en drogas, alcohol, comidas y cualquier otra cosa que se convierta en dependencia a tu vida y que cada vez quieras más.

La Necesidad Primitiva Del Placer

1.- Son los gustos que siempre buscarás, asociarás y de alguna manera darán como el apetito a ciertas cosas.

2.- Cuando no se disciernen los placeres, pueden ser la causa de que alguien esté repitiendo un placer ilegítimo y viviendo en un ciclo de pecados.

3.- El engaño es, que todo placer se mantiene sólo por escasos minutos tras experimentar una situación particular.

4.- Pero para llegar a este estado de exaltación han sucedido diferentes procesos en el cerebro, conscientes e inconscientes.

5.- La dopamina es el químico que invita a la repetición del placer.

Los Principios Del Discernimiento Del Placer

1.- Todo aquello que te sacia.
2.- Te produce placer.
3.- Te gusta pero que no te distrae.
4.- No te desarma ni te debilita espiritualmente.
5.- No te lleva a pecar contra Dios.

6.- No te desenfoca de tu objetivo final ni cambia tu destino ni afecta el propósito de Dios para tu vida, eso es un placer legítimo.

-. Tener placer sin debilitar tu espíritu, ni desenfocarte de lo que Dios te ha encomendado es placer legítimo.

-. Tienes que saber tu meta final o destino para discernir si el placer es legítimo.

¿CÓMO IDENTIFICAR SI ES UN PLACER LEGÍTIMO?

1.- Todo placer no debe poner en peligro la vida de otros.
2.- La integridad.
3.- El oficio, el llamado.
4.- La reputación.
5.- El derecho de la felicidad es un placer lícito.

-. Nunca desees ir tras el placer que pone en peligros la vida de otros y de su familia.

-. Si lo haces es placer ilícito, es un placer egoísta, no te pertenece.

EL PRECIO DEL PLACER ILEGÍTIMO

Todos los placeres ilegítimos se compran a precio del dolor.

-. Pagar el precio antes del placer: este es el placer legitimo, disciplina para decir no, y negarte al placer duele.

-. Pagar el precio después del placer: este es el placer ilegitimo, es fácil el camino a la relación ilícita pero se paga el precio después.

Moisés y el precio del placer antes del deleite

Hebreos 11:24-26 Por la fe Moisés, cuando era ya grande, rehusó ser llamado hijo de la hija de Faraón, **25** escogiendo antes ser maltratado con el pueblo de Dios, que gozar de los placeres temporales del pecado, **26** considerando como mayores riquezas el oprobio de Cristo que los tesoros de Egipto; porque tenía la mirada puesta en la recompensa.

David y el precio del placer después del deleite

Salmo 51:8 Hazme oír gozo y alegría; que se regocijen los huesos que has quebrantado.

Salmo 51:10-12 Crea en mí, oh Dios, un corazón limpio, y renueva un espíritu recto dentro de mí. **11**

No me eches de tu presencia, y no quites de mí tu santo Espíritu.[12] Restitúyeme el gozo de tu salvación, y sostenme con un espíritu de poder.

El propósito de Satanás es que busques los placeres ilegítimos, que le des la espalda a Dios, a Sus instrucciones donde te irá bien si lo pones en práctica, pero es necesario discernir adecuadamente y saber quién te enseña para rechazar lo que no venga de parte de Dios.

Necesitas pedirle a Dios que derrame sobre tu vida un espíritu de discernimiento para saber que hacer y poner en práctica, como los hijos de la tribu de Isacar, expertos en discernir los tiempos y en saber qué hacer, pero además de saberlo, es necesario practicarlo sabiendo que con eso agradarás el corazón de Dios.

La Generación Anhedonia

Capítulo 6

Es de suma importancia el hecho que, siendo llamados a ser verdaderamente libres, vivamos de esa manera, no en libertinaje, sino libres, que tengamos esa experiencia día con día, porque además del Espíritu Santo quien conoce la condición de tu vida, debes ser sincero contigo mismo y así poder autodiagnosticarte para saber si estás en ese nivel de libertad que Dios desea que alcances, ¿por qué desea Dios que alcances ese nivel?, porque es antinatural el no tener la libertad, puesto que fuiste creado en la base de la libertad.

Cuando Dios decide crearte, lo hizo en la base de la libertad, por eso puso en ti el libre albedrío, esperando que con libertad reconozcas Su señorío, Su paternidad, que desees estar siempre con El, pero no por obligación o por conveniencia, porque al final si estás con Dios, lo tienes todo, las cosas materiales vendrán como añadidura sin que te estorben porque Dios debe ser todo para ti, pero, como lo he repetido a lo largo de este libro, bajo la ley de la libertad; ¿por qué es ley, si es libertad?, porque deben existir parámetros, límites que no debes pasar, de otra manera se convertirá en libertinaje.

Por eso el mundo se aparta cada vez más de Dios, porque no lo reconocen como Su señor y salvador, no buscan Su paternidad, sino que, viven con desenfreno creyendo que lo saben todo viviendo así bajo el engaño de Satanás, quien en algún momento quiso ser como el Altísimo. Hoy, esa entidad, a través de los siglos, trabaja en afinar su engaño para que aquellos que le han dado la espalda a Dios, sigan en su desenfreno creyendo que viven en libertad, cuando la realidad es que viven sumidos en una esclavitud de libertinaje, de pecado que solamente pueden salir de esa condición si reconocen a Jesús como Su señor y salvador.

También he dicho que no es lo mismo librado, libre y liberado; de manera que cuando aceptaste a Jesús en tu corazón, fuiste librado, pero libre es un estado en el que debes seguir trabajando porque es un proceso, por eso Jesús dijo que conocerías la verdad y la verdad te hará libre; eso significa que el estado de ser libre, se alcanza solamente a través de conocer la verdad. Por eso, cuando Dios me llamó al ministerio que El me ha entregado para desarrollarlo, una de las cosas que me ha permitido es enseñar Su palabra, porque la enseñanza disipa la ignorancia.

La palabra ignorancia, según los diccionarios hebreos, no significa solamente la ausencia de luz, o dicho de otra forma, ignorancia significa tinieblas, según los diccionarios hebreos, de manera que el adversario toma ventaja donde existe ignorancia porque ese es su hábitat, donde él puede actuar y tomar ventaja.

Por eso puedes ver que, Dios hablando a través de Sus siervos, los apóstoles Pablo y Pedro, recibes una advertencia para los últimos días; de más está decirte que ese tiempo es que hoy día puedes ver alrededor del mundo, es una advertencia que trata con la libertad y las batallas que se librarán para mantener esa libertad, si verdaderamente la has alcanzado.

Solamente el que haya alcanzado la libertad, tomará esa palabra para hacerla vida en su corazón, de manera que, en el celo de Dios, la defenderá para no volver atrás; el que no la ha alcanzado hace bien en prestar atención para que, con la verdad de la Biblia, pueda acercarse cada día más al nivel de ser libre y tener entonces un verdadero cambio en su forma de pensar, un cambio de sensaciones, deleites, placeres, etc., para que los tengas pero de forma lícita no ilícita. Otro punto que puedo añadir aquí es que, la Biblia la generación que señala con libertinaje, es la que ves en el mundo hoy.

Para que vayas ampliando tu conocimiento a todo lo que estoy describiendo, empezaré a sentar las bases bíblicas a ese respecto:

2 Timoteo 3:1-4 Pero debes saber esto: que **en los últimos días vendrán tiempos difíciles**. 2 Porque los hombres serán amadores de sí mismos, avaros, jactanciosos, soberbios, blasfemos, desobedientes a los padres, ingratos, irreverentes, **3** sin amor, implacables, calumniadores, desenfrenados, salvajes, aborrecedores de lo bueno, **4** traidores, impetuosos, envanecidos, **amadores de los placeres en vez de amadores de Dios**...

Interesantemente la palabra, amadores, antes descrita, es aplicada para identificar quiénes aman a Dios y quiénes aman a sus propios placeres. Una vez más debo enfatizar que, todo lo descrito en la Biblia, es para la Iglesia, no para los inconversos, porque un inconverso sin haber sido evangelizado, ¿cómo podría asimilar esta situación?, todo esto tiene que ser para alguien que no está exonerado de caer en ese tipo de errores; todo eso es para un cristiano en proceso, para una oveja, para un pastor, apóstol, profeta, evangelista o maestro; por supuesto que esto también incluye a los ancianos y diáconos que, a pesar de estar fungiendo en determinado privilegio dentro de la Iglesia de Cristo, pueden tener ese tipo de problemas.

De tal manera que esta advertencia está siendo dirigida para ti, porque siendo cristiano y sin haber sido arrebatado aún; puedes estar corriendo el peligro de caer en el engaño del mundo, no estoy diciendo que te volverás al mundo, pero podría ser que seas como un anfibio, este puede vivir bajo el agua y sobre la tierra; en lo espiritual diría que puede vivir buscando a Dios, pero también le gustan las cosas del mundo y las vive sin ningún problema, sin que tenga quién lo redarguya.

Es una advertencia para ti que has llegado a este nivel del libro que estás leyendo, porque el tiempo final profetizado en el Antiguo Testamento por los profetas, finalmente llegó, es el tiempo actual, es el día a día de la humanidad por todo el mundo, eso significa que tú, siendo cristiano en proceso de perfección, puedes ser engañado, ya sea fácilmente o por cualquier otra artimaña del adversario, para que ames más los placeres del mundo que a Dios.

Podrías pensar que eso no es para ti porque estás debidamente definido por Dios; de ser así, gracias a Dios, sin embargo, la advertencia es general porque el diablo estará al acecho tentando a todos, principalmente a los cristianos, ¿cómo?, a través de sensaciones, deleites, placeres, emociones y sentimientos, dependiendo lo que decidas amar, todo esto a través de tu alma.

Seguramente has tenido la oportunidad de experimentar la presencia de Dios en tu vida, en la congregación, en tu casa, etc., una expresión que pudiste tener es la siguiente: …que deliciosa presencia de Dios la que siento… ¿qué es lo que entra al escenario en tu anatomía, para decir eso?, tienes algo para sentirlo que, aunque no es místico, es algo natural para deleitarte en la presencia de Dios.

Igualmente, aquello que te hace deleitarte en la presencia de Dios, te puede servir para deleitarte en otros tipos de placeres. Por eso, alguien deja de deleitarse en Dios, porque descubre que esa sensación, puede ser también comparada a otro deleite, haciéndolo sentir casi lo mismo que siente en la presencia de Dios, con la diferencia que ese deleite no exige tanta consagración, santificación, perseverar en Su búsqueda, no le exige congregarse, etc.

El mayor problema puede ser que, habiendo sido advertido, cuando llegue esa sensación desviada, no lo reconozcas, sino que, en lugar de aceptarlo y buscar ayuda, creas que eres lo suficientemente maduro para pretender enderezar tus propias emociones. La interrogante puede ser la siguiente: ¿qué es lo que puede suceder para que cambies tu fuente de deleite, cambiando el deleite de la presencia de Dios, por los placeres del mundo?, continúa el estudio para que sigas viendo qué tan profundo puede ser esta temática:

1 Pedro 2:11 Amados, yo os ruego como a extranjeros y peregrinos, que **os abstengáis de los deseos carnales** que batallan contra el alma…

La advertencia aquí es, que tengas cuidado con lo que puedes estar deseando, porque si te inclinas sobre cosas ilegítimas, vas a tener batallas espirituales en el alma.

2 Pedro 2:13 ...sufriendo el mal como pago de su iniquidad. Cuentan por **deleite andar en placeres disolutos durante el día**...

Aquí cabe mencionar nuevamente, que el pecado se nutre de sensaciones, placeres, deleites, emociones y sentimientos equivocados, eso cambia el estado de ánimo o la disposición emocional hacia una cosa, un hecho o una persona; cualquier cosa, menos a Dios.

Por eso debes detectar cuál es la prioridad de tus placeres, deseos y sensaciones; porque si no logras identificarlo, estás disponiéndote en ser el blanco de un ataque de las tinieblas para ser parte de una generación anhedonia. Si identificas cuál es tu prioridad emocionalmente hablando y sabes que están enfocadas en Dios, también debes asegurarte de que no sean fáciles de ser manipuladas por Satanás porque él y todo su séquito, son especialistas en esa labor de las tinieblas. Si un ser humano puede manipular las emociones de otra persona, cuánto más lo será una entidad que busca hacer el mal sabiendo que al ganar la batalla, está llevando cautiva aquella alma al mal y perderla totalmente en los deseos que son ilegítimos.

Los Peligros De No Reconocer Los Placeres

Proverbios 21:17 El que ama **los placeres se empobrecerá**; el que ama el vino y los perfumes no se enriquecerá.

Lucas 8:14 En cuanto a la parte que cayó entre los espinos, éstos son los que oyeron; pero mientras siguen su camino, son ahogados por las preocupaciones, las riquezas **y los placeres de la vida**, y no llegan a la madurez.

1 Timoteo 5:6 ...pero la que se entrega a **los placeres**, viviendo está muerta.

Una vez más el llamado es a que trabajes en ti, en pos de identificar si verdaderamente has sido liberado, si tienes libertad y de ser así, hasta dónde estás dispuesto a esforzarte por mantenerte en ese estado disfrutando la presencia de Dios y que tu deseo, anhelo, sensaciones y sentimientos sean el hecho de tener placer en sentir la presencia de Dios.

Tito 3:3 Porque en otro tiempo nosotros también éramos insensatos, desobedientes, extraviados. Estábamos esclavizados por diversas pasiones y **placeres**, viviendo en malicia y en envidia. Éramos aborrecibles, odiándonos unos a otros.

Santiago 4:3 Pedís, y no recibís; porque pedís mal, para gastarlo en vuestros **placeres**.

Aquí puedes notar que el efecto de un ataque sigiloso de las tinieblas para cambiar tus prioridades puede cambiar incluso tu oración, pidiéndole a Dios que te conceda algo que te producirá placeres ilegítimos, en lugar de pedirle por las cosas que son eternas junto a El.

Santiago 5:5 Habéis vivido en **placeres** sobre la tierra y habéis sido disolutos. Habéis engordado vuestro corazón en el día de matanza.

Lo que puedes ver entonces, es que la estrategia del reino de las tinieblas es cambiar el gusto de dimensión de los placeres, porque Dios te creó para sentirle placer a determinadas cosas, el problema es que de pronto ese placer es desviado en su sentir, deja de buscar lo preciso por seguir lo vil y menospreciado de la vida.

La Operación Anhedonia

La operación Anhedonia es la manipulación de tus sensaciones, emociones, deleites, placeres, apetitos, etc., que debe ser ampliamente expuesta para que logres asimilarla como es debido; hacer que el creyente pierda la sensación de lo normal, natural, legítimo por la sensación contraria.

Por esa misma razón es que, debes analizar cómo es que tus sensaciones pueden ser manipuladas por el reino de las tinieblas, cuando la realidad es que fue Dios quien las puso en ti el día que te diseñó y lo hizo precisamente para eso, para que tengas placeres pero legítimos, los que están en el orden de Dios; los apetitos de tu alma que Dios diseñó de esa manera, lo hizo para determinados gustos, sin embargo Satanás puede manipularlos, de manera que al ser manipulados es porque existe una operación, porque nadie deja de sentir placer legítimo, si no viene una influencia para desviarte y hacerte creer que ese placer supera el nivel de lo que Dios te ha permitido experimentar hasta hoy.

Considero que sentir la presencia de Dios es una sensación inigualable, es más, cuando verdaderamente la estás experimentando, le dices al Señor que no se vaya, le dices que quieres más y más de Su presencia, disfrutas ese momento como no tiene comparación. Entonces, ¿qué estrategia usa Satanás para desviar esa sensación que no tiene comparación?, ¿qué es lo que te puede hacer pensar que hay mejores cosas fuera de la presencia de Dios, cuando la misma Biblia dice que apartados de El nada podemos hacer?

Otro punto que debes saber es que, si no detectas que estás siendo engañado con relación a los placeres lícitos e ilícitos, peor aún, si te están haciendo creer que existe un mayor deleite que estar en la presencia de Dios; podrías estar en riesgo de no volver a sentir ese deleite. Quiero expresarlo de esta manera: no puede haber mayor deleite que estar en la presencia de Dios, es lo más alto que puedes estar en relación con un sentir de deleite; sin embargo, Satanás podría engañarte a tal extremo que, podrías pensar que estando en un nivel muy inferior, estás mejor que en la presencia de Dios.

Por supuesto que esto no es nuevo, lo que estoy mostrándote es la triste realidad en la que han caído algunos cristianos que, después de haber sido grandes predicadores, profetizando, directores de alabanza, etc., hoy están sumidos en otra cosa. Experimentaron la presencia de Dios, estuvieron en la cúspide de sus sentires, sin embargo, no fueron capaces de ponerle un algo a la operación de error de las tinieblas y hoy están enfocados en las riquezas del mundo, cambiaron lo eterno por lo pasajero.

Salmo 10:3 (RVA2015) Porque **el impío se gloría del apetito de su alma**, y el codicioso maldice y desprecia al SEÑOR.

No entraré en explicar lo que es un impío y quién es alguien pío, pero sí quiero resaltar que este versículo es el claro ejemplo de lo que ya expuse, porque después de haberse gloriado en Dios, ahora se gloría del apetito de su alma. Piénsalo de esta forma, si el pío es quien se acerca más a Dios, entonces el impío es quien se aleja cada vez más de El.

Por eso, si eres pío porque buscas a Dios constantemente, debes saber que Satanás está interesado en tu vida y lanzará contra ti cualquier ataque para que empieces a alejarte de Dios y te conviertas en impío.

Satanás no ataca a la gente del mundo porque ellos ya están en territorio satánico, él ataca a gente que él le teme a algo que esa persona tiene en su alma; por eso, si sabes que estás siendo atacado de parte de las tinieblas, puedes estar tranquilo sabiendo que estás del lado de aquel que nunca ha perdido y nunca perderá una batalla, pero debes estar alerta para no caer en sus engaños porque buscará desviar tu atención hacia otras cosas que pueden bridar deleite sin que te sientas acusado; parecería paradójico que el acusador te lleve a cosas que no te producen acusación, pero realmente es parte de su estrategia de engaño y mentira.

Por eso no debes acomodarte a lo que sientes en la presencia de Dios o con lo que haces en Su obra, debes anhelar cada vez más y más de Su presencia; por eso dice la Biblia que la gloria postrera será mejor que la primera, porque Dios le permitió a la humanidad la experiencia de la gloria, pero la humanidad se conformó, se acomodó, lo vio como algo normal, recibían el maná del cielo y lo veían como una obligación de parte de Dios, veían milagros y de igual manera los veían con normalidad porque se acostumbraron, dejaron de ser agradecidos y de anhelar más de Dios; pero tú no debes seguir ese mal agradecimiento como los antiguos porque precisamente eso quedó escrito como ejemplo para no seguirlo, como está escrito:

1 Corintios 10:11 Estas cosas les sucedieron como ejemplo, y fueron escritas como enseñanza para nosotros, para quienes ha llegado el fin de los siglos.

El engaño de las tinieblas entonces es que, vayas en pos de otras cosas y que pienses que es Dios el que desea que las disfrutes con "supuesto" mayor deleite que estar en Su presencia, con ese engaño te podrían atrapar y apartarte de la realidad que hoy estás viviendo, buscando Su presencia constantemente.

La Operación De Remover La Hedónia Natural

La palabra hedónia significa placer, la operación de Satanás es quitarse ese deleite natural y convertirte en alguien que dejó de sentir placer por la presencia de Dios, por escuchar Su palabra, por congregarte, por diezmar, por ofrendar, por alabar y adorar, etc., por cosas muy superfluas y haciéndote creer que ese es un sentimiento de alguien que ya es maduro espiritualmente.

.- El diablo sabe cómo manipular tus sentires, tus emociones, tus sentimientos, tus deleites y placeres.

.- El mundo de los espíritus sabe cómo manipular tus emociones, tus sentimientos, tus deleites, y placeres y sentires.

Así opera la adicción, haciendo al creyente un adicto a otros placeres, sensaciones, y emociones.

DISTRIBUCIÓN INTEGRAL

Debes tener presente que, siendo un ser tripartito, o sea: espíritu, alma y cuerpo, hay un porcentaje de operación en cada área de tu ser, que vendría a ser como un tercio para cada uno.

El espíritu humano es el que tiene la conexión con el Espíritu Santo, es quien recibe la instrucción espiritual, hace una función como de traductor del alma para que, a su vez, el alma le lleve al cuerpo la orden de qué es lo que debe hacer.

El espíritu entonces recibe como una experiencia de parte de Dios, necesita de otra parte de tu ser integral, el alma, para que haga manifiesto ese deleite y sea expresado físicamente por el cuerpo. Es como decir que, nadie haría una expresión de agrado en su rostro, si lo que está comiendo es amargo; entonces el encargado de manifestar corpóreamente los sentimientos es el cuerpo, pero el alma tiene una gran importancia en todo esto, porque el alma se ha creado por Dios como una esfera que tiene emociones, sentimientos, experimenta sensaciones, deleites y placeres.

La Operación Anhedonia

Esta es la base de la operación satánica de las tinieblas que están llevando a cabo como parte de su modus operandis al pretender cambiar el deleite de un cristiano, de la presencia de Dios por los placeres del mundo.

Por supuesto que para eso, el reino de las tinieblas, sabiendo que eres un peligro para ellos, te ha estudiado por mucho tiempo, te ha observado detenidamente, sabe cuáles son tus gustos para que haya cierta atracción cuando el diablo te lo presente, que no le veas nada nocivo y que empieces a experimentar otro deleite que, como ya lo expresé, sea inferior pero por la confusión que todo esto pueda lanzar, te hace creer que incluso, es Dios el que te lo ha permitido en la base que eres maduro espiritual y que esto es solamente para cristianos como tú, cuando la realidad es que detrás de todo eso está orquestada una operación de las tinieblas que no puedes imaginar.

Una vez más hago un llamado a tu ser integral, para que bajo un sentir de responsabilidad espiritual, pidas a Dios un espíritu de discernimiento y que puedas detectar las cosas que no son de Dios, porque es tu responsabilidad rechazar aquello que no es Dios, pero para eso, también debes tener la sensibilidad de distinguir lo que es Suyo y lo que es de las tinieblas, que la confusión del diablo con la que pretende engañarte, no tenga lugar en ti y que en el momento cuando lleguen aquellos deleites que puedan parecer lícitos, sepas que son parte de ese engaño que el diablo ha lanzado contra tu vida y tengas entonces la suficiente fuerza de voluntad para rechazarlos en el nombre de Jesús.

PLACER NATURAL

Toda persona en general tiene la capacidad de recoger sensaciones de todo cuanto sucede a su alrededor las cuales llegan a un punto del cerebro llamado el centro del placer.

Salmo 119:47 (LBA) Y **me deleitaré** en tus mandamientos, los cuales amo.

En forma natural puedo decir que Dios te creó con órganos para clasificar las sensaciones, el problema es que a través de los siglos, Satanás ha aprendido cómo estás diseñado, de manera que puede manipular sensaciones en general; conoce cómo funcionan los mecanismos, de las conexiones entre el cuerpo, sus órganos y el alma.

El Núcleo Accumbens

Es la región de tu cerebro que se encarga de clasificar las sensaciones que percibes, es algo normal y natural que está activado, a menos que ya no tenga la energía que eso necesita para su funcionamiento, siendo su elemento principal la dopamina; porque es lo que necesita tu cuerpo para sentir sensación, deleite, placer y emociones. De manera que es la dopamina la que Satanás ataca para desviar tus emociones con Dios y ponerlas el mundo.

Alguien podría decir que por su edad ya no tiene ese tipo de problemas porque la dopamina puede disminuir de los 45 años en adelante, pero como Satanás ha estudiado las reacciones de la humanidad en todas sus debilidades, entonces nadie está exento a ninguna edad. Si de pronto una persona deja de sentir la misma atracción por su cónyuge y el adversario no encuentra la forma de que las tentaciones lo hagan pecar, buscará algo más para llamar su atención para manipularle igualmente su deleite, solamente que, en otra cosa, porque al final lo que el diablo busca es tener aprisionada a una persona en cualquier cosa, que sea adicta a algo sin importar qué sea, con tal que no tenga su atención en Dios.

Por eso es necesario que conozcas la profundidad de esta temática porque si alguien la conoce y la ha estudiado, es el adversario, por supuesto que Dios es el creador y la conoce mejor aún y nadie mejor que Él, por eso Dios envía la ayuda en el momento preciso, cuando menos lo esperabas, ahí llegó a auxiliarte. También considera que Satanás no ataca a cualquier persona, lo hace a las personas que él tema que le pueden estropear sus planes, que le pueden estorbar lo que haya planificado contra la Iglesia de Cristo.

El núcleo Accumbens es quien te dice si te encuentras ante una sensación positiva o negativa como el placer; la recompensa o el castigo.

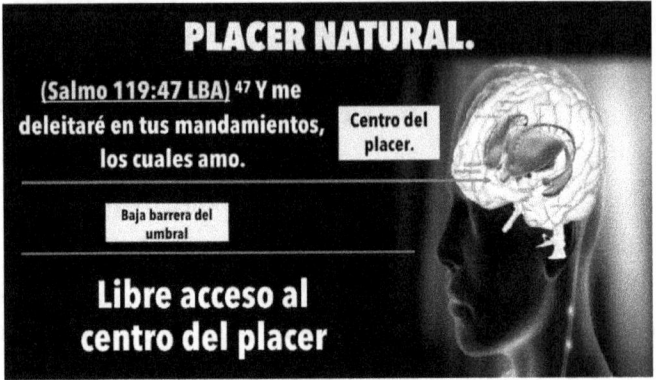

Los procesos de recompensa

.- El cerebro humano cuenta con 2 zonas, en cada hemisferio, en la parte inferior del encéfalo.

.- Están integradas en la vía mesolímbica, la extensión del cerebro que se encarga de generar una respuesta cuando recibes un estímulo.

.- Según las últimas investigaciones, en la parte del núcleo Accumbens conocida como corteza, encuentras las neuronas dotadas de receptores de dopamina.

.- Estas, presentan respuestas inmediatas de recompensa con las drogas.

Placer Bajo Manipulación

En una sobre estimulación del placer, empieza una barrera al centro de placer debido al exceso de dopamina; esto es la manipulación del enemigo para manipular tus deseos, deleites y placeres.

Estímulos negativos

.- El mecanismo entra en funcionamiento también con los estímulos negativos.

.- La diferencia es que se crea entonces una sensación de rechazo, de aversión hacia lo normal, para enfocarse a lo que es desenfrenado.

.- Por eso el núcleo Accumbens y la dopamina tienen un papel fundamental en la experimentación del placer y el aprendizaje.

.- Ayudan a almacenar información en tu cerebro, por los sucesos que te ocurren constantemente.

.- Posteriormente son guardados en tu memoria, teniendo la posibilidad de recordarlos y crear así el reservorio de la experiencia adquirida.

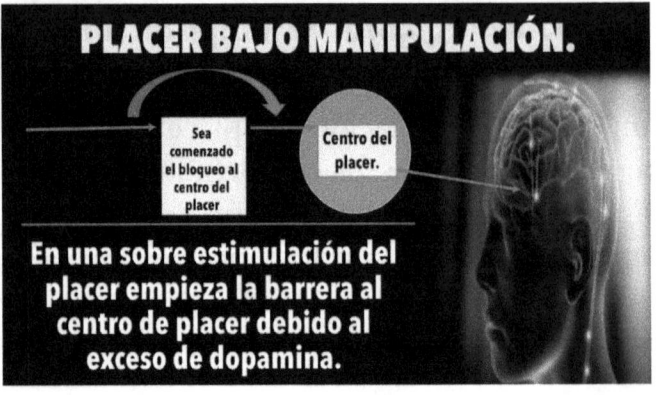

CREYENTE ANHEDONICO

Una vez que Satanás ha logrado su engaño, la barrera del centro del placer se encuentra en un nivel muy alto, de manera que sólo un alto estímulo puede alcanzar el centro de placer.

Es muy lamentable que hoy día, la generación que está dominando el mundo tienen mucho de todo esto, incluso la niñez está siendo atacada para que al llegar a la adolescencia sea más fácil terminar de desviarlos y que no haya una columna de buena moral, sino que, siendo las bases las que están debilitadas, aquello sea un escenario de tinieblas.

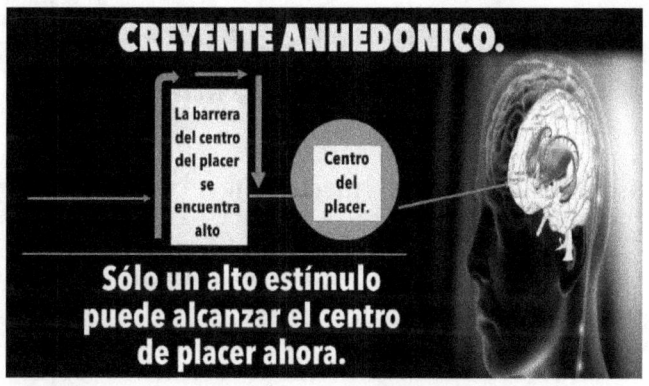

LA GENERACIÓN ANHEDONIA Y LOS ADICTOS

Una vez más debo recordarte que, la Biblia a través de los siervos de Dios, el Apóstol Pedro y el Apóstol Pablo están haciendo esta advertencia, para que toda la cristiandad haga un inventario de su vida y saber si existen indicios de un ataque satánico que esté mermando las barreras de protección de tu alma y que los deleites en Dios estén siendo desviados hacia las cosas del mundo, sin importar qué pueda ser.

Por eso dice la Biblia:

Salmo 37:4 Pon tu delicia en el SEÑOR, y Él te dará las peticiones de tu corazón.

Si Dios es tu prioridad en todo, El te concederá lo que le pidas sabiendo que nada te causará adicción.

La Operación De Remover La Hedónia Natural

La falta de atención te hace vulnerable a lo siguiente:

.- El diablo sabe cómo manipular emociones, sensaciones.

.- Espíritus y demonios saben jugar con tus emociones y sensaciones.

.- Las personas pueden influenciar y manipular tus emociones y sensaciones.

Las manipulaciones o juego con tus emociones son hechas por las tinieblas con la intención de que tus emociones, sensaciones, deleites y placeres cambien de lo natural, legítimo a lo antinatural e ilegítimo para que tus deleites, emociones y sensaciones alimente al deseo de pecar. Si al pecado se le quitara el deleite, nadie pecaría; los humanos caen en pecado porque hay placer manipulado antes de pecar.

La Génesis De Las Adicciones De Las Sensaciones Equivocadas Del Alma

2 Corintios 11:3 Pero temo que, así como la serpiente con su astucia engañó a Eva, vuestras mentes sean desviadas de la sencillez y pureza de la devoción a Cristo.

Nota que esto es como una profecía que hoy se está cumpliendo, siempre viéndolo sobre la base de que es una advertencia para la Iglesia de Cristo, no para gente inconversa.

Génesis 3:4-6 Y la serpiente dijo a la mujer: Ciertamente no moriréis. ⁵ Pues Dios sabe que el día que de él comáis, serán abiertos vuestros ojos y seréis como Dios, conociendo el bien y el mal. ⁶ Cuando la mujer vio que el árbol era **bueno para comer**, y que era **agradable a los ojos**, y que el árbol era **deseable** para alcanzar sabiduría, tomó de su fruto y comió; y dio también a su marido que estaba con ella, y él comió.

.- **Bueno** H2896 tob; Agradable taavá H8378; Deseable: châmad H2530 kjamád

En esta cita puedes ver 3 palabras que están relacionadas con dopamina: bueno, agradable y deseable; porque para poder calificar algo a que sea bueno, debes tener el químico que te recompensa con lo que aquello que estás viendo, es bueno; ese químico es la dopamina. Adán y Eva no cayeron en los pecados más comunes de hoy día como lo pueden ser el hecho de robar, matar, etc., el mayor problema fue calificar algo en el nivel de bueno, agradable y deseable, pero nada de eso puede calificarse así, si no es por el efecto sensorial de la dopamina.

¿Qué es lo que hay debajo de cada una de esas palabras?, observa:

- ✓ **Bueno H2896** tob

    - Agradable, alegre
    - Alegría, gusto
    - Placer

- ✓ **Agradable H8378** taavá;

    - Deseo
    - Ansia, anhelo del corazón
    - Lujuria, apetito, codicia
    - Cosa deseada, objeto de deseo

- ✓ **Deseable H2530**; châmad, kjamád

    - Tomó un placer y comenzó a deleitarse en eso
    - Lo puso en su mente para ser deseable siempre
    - Deleitarse en gran medida
    - Desear grandemente

- Desear apasionadamente

Con la manipulación a la dopamina les cambió el sistema de placer.

Si vas a sustituir tu deleite por algo que te está provocando un deseo incontrolable, significa que lo pusiste en tu mente y lo memorizaste, para que, al estar delante del mismo escenario, ya tengas una memoria de sensación grabada, eso te evitará el trabajo de discernir la naturaleza de aquello porque ya lo tienes memorizado y lo deseas cada vez más, lo cual en términos psicológicos se llama adicción.

Observa la estrategia satánica, porque el diablo lo que hizo fue, alterar la dosis de dopamina a manera que todo aquello que puedas tener en tu memoria, al volver a encontrar un escenario que sea igual o parecido, llame a esa memoria de sensación grabada, pero deseándola cada vez más y más porque ya se convirtió en adicción.

Recuerda entonces que, una persona puede ser adicta, sin que sea al alcohol, drogas en general o cualquier otra sustancia que baje los niveles de la consciencia como la mariguana y sus semejantes; una persona puede ser adicta a la amargura, a la ira, a la violencia, a la tristeza, al dolor, sin mencionar otras cosas que vendrían a ser comunes como una adicción al trabajo, a la computadora, a la pornografía; pero no es eso a lo que me refiero, sino que, alguien puede ser adicto a las emociones negativas, alguien puede sentir placer al dolor, no quiere el dolor, pero le siente placer; pero entonces el factor común es la dopamina manipulada por Satanás.

Todo esto sin contar con aquellas actitudes negativas que llevan al nivel de placer, por ejemplo, una persona levanta el tono de su voz porque eso le produce placer al tener control sobre los demás; hay gente que siente placer al infundir miedo a otros, pero también hay gente que viven atemorizados ante cualquier situación siendo esto una adicción, eso se convirtió en su forma de vida, tanto los que atemorizan a otros sintiendo placer al hacerlo, como los que viven atemorizados, en ambos casos viene a ser una adicción.

El problema con esto y todo lo que pueda haberse convertido en adicción, es que la persona siempre buscará más y más de aquello, aún sabiendo que está dañándolo, no puede detectar ese daño y eso lo llevará a querer siempre más y más, por supuesto, porque es una adicción. La estrategia satánica a este respecto presentará incluso una supuesta salida ante la incomodidad que represente regresar al deleite normal, de manera que cada vez lo inducirá más y más en aquella adicción.

En un cerebro normal

Hay un estímulo normal y saludable, la dopamina activa su efecto y le produce buena sensación a la persona, por ejemplo: alguien te dice que hiciste tu trabajo muy bien hecho; en el cerebro la dopamina lleva la sensación de placer al escuchar aquellas palabras.

También cuando alguien te demuestra afecto, te toma de las manos, un olor agradable o alguna comida que te gusta etc., sucede lo mismo con la dopamina.

Una vez más, recuerda que Satanás lo que hace es lavar aquella sensación buena para que quede como si no hubiera sido creada para pedir cada vez más, es la alteración de la dopamina.

Todo esto es como una alerta ante los sutiles engaños de parte del reino de las tinieblas, porque alguien podría pensar que al estar deleitándose en algo que aparentemente no es dañino, hasta se le atribuye a Dios aquello que está siendo practicado porque no se le encuentra nada nocivo, pero como el adversario lanza su ataque a la mente haciendo creer que todo es lícito porque no pertenece a un pecado común como puede ser pecado de tipo sexual principalmente, entonces se procede en estar mucho tiempo y buscar cada vez más porque el engaño hizo creer que era de Dios, cuando no es esa la realidad.

- ✓ Por eso el llamado de hoy es a estar muy atento a las cosas en las que participas y saber que, si en algún momento se crea dependencia y se vuelve insaciable, seguramente hay presencia satánica.

La Operación Jurídica de Las Tinieblas Contra El Alma Adicta

Capítulo 7

Cuando una persona se le ha enseñado acerca de una situación desde su niñez o adolescencia; se va creando esa idea, una idea general, de modo que cuando se escucha la palabra que se ha aprendido, inmediatamente se relaciona con aquella misma situación con la que se aprendió a vincular; específicamente estoy refiriéndome a la palabra adicto. Es un término que por mucho tiempo ha estado refiriéndose a una persona que tiene problemas de drogadicción en general, pero realmente esa palabra es muy antiquísima y se refiere a otro tipo de situaciones que, si bien es cierto puede involucrar también a un drogadicto, lo hace por el significado real de lo que significa adicto y no porque se refiera solamente a la persona que tiene ese tipo de problemas.

De manera que la si palabra adicto es muy antigua, puedo decir también que la Biblia tiene muchas referencias a ese respecto, por lo tanto no tiene relación solamente con lo que conoces como drogadicción. Por esa razón es que, si llegas a conocer el origen de los problemas, la naturaleza de los conflictos y la condición de tu vida, entonces podrás responder a todas aquellas cosas que pretenden dañar el bienestar con el que fuiste creado.

El problema del cristiano, como parte de la humanidad, es el hecho de pasar por alto que eres parte de la única creación con la capacidad de estudiarte a ti mismo; ninguna otra creación tiene esa cualidad, por eso mismo es que la humanidad ha podido alcanzar ese nivel de conocimiento de la ciencia en las diferentes ramas que hoy se conocen, las cuales se han utilizado para beneficio del ser humano en relación con las enfermedades que han surgido hasta el día de hoy.

Ahora bien, mientras que la humanidad en general busca solamente el beneficio del cuerpo porque está enfocada en lo tangible; el cristiano se ha enfocado solamente en el área mística, lo espiritual, llegando así a espiritualizar algunas cosas, pero sin mayor conocimiento, cayendo con esto en un ámbito de religiosidad, porque no es lo mismo ser espiritual y ser religioso, como tampoco es lo mismo ser evangélico y ser cristiano.

No obstante, muchos cristianos son espirituales, pero sin conocimiento de muchas cosas; por supuesto que Dios les responde porque ve la condición y sencillez de su corazón, pero no podemos pasar por alto el hecho que existe una parte en la que Dios ve igualmente el amor que puedes tener por Su conocimiento, conocerle cada vez más, lo cual involucra aquellas cosas que, sin bien es cierto que el diablo conoce, no las ha profundizado porque no es él quien las creó, las conoce porque ha estudiado las reacciones internas de la humanidad, sin embargo, hay muchas cosas que puede desconocer y Dios es a ti a quien desea revelárselas.

Dios desea que seas espiritual, cristiano, pero también que haya un crecimiento en cuanto al conocimiento que envuelve todo eso y así entenderlo a profundidad; porque debes saber que no es lo mismo tener conocimiento y entender aquello de lo cual se tiene ese conocimiento. Por un lado puedo decir que tener conocimiento es la vasta acumulación de información, y el entendimiento es la forma en que se administra ese conocimiento. Cuando finalmente saber lo que debes hacer en base a ese conocimiento, es cuando se convierte en sabiduría lo cual no es más que aquello que se aplica en el diario vivir.

Expongo todo eso, por la forma en que desarrollaré este capítulo, por supuesto que basado en principios bíblicos y no en mi propia experiencia, porque entonces el principio bíblico que puedo exponer primeramente es el siguiente:

Juan 8:32 ...y conocerán la verdad, y **la verdad los hará libres**.

Con esto puedes notar que Dios estaba basando la libertad en el conocimiento, dicho en otras palabras, el conocimiento es el fundamento para ser libre y sostener esa condición. Por eso es que, podrías ir a un congreso de liberación, conocer lo que es el poder de Dios que rompe ataduras, que echa fuera espíritus inmundos, desautoriza demonios; incluso puedes ser el vaso de honra que Dios usará para manifestar Su poder, pero podría ser que no entiendas qué fue lo que sucedió, solamente te quedarás con el conocimiento de aquello que sucedió.

Hay personas que cuando experimentan ese tipo de cosas, buscan la manera de madurar la idea de lo que pudieron haber experimentado, quizá es como pretender justificar humanamente hablando lo que sucedió en ese momento.

Es posible que aún desconozcas muchas cosas de lo que se mueve en medio de una liberación, quizá has participado en la liberación de una persona sin esperar lo que verías al momento de una liberación de espíritus inmundos los cuales quizá estaban escondidos detrás de un órgano de tu cuerpo humano, podían haber estado escondidos en el alma de aquella persona o en su espíritu humano cuando aquella persona aún no es cristiana, en tal caso, eso es lo que se llama posesión demoníaca.

Cuando una persona es cristiana, ningún espíritu puede posesionarlo a partir de que ya es propiedad de Cristo; pero si puede ser atacada de afuera hacia adentro, puede ser estorbada en su entorno, así como pueden entrar al alma y el cuerpo, sin que eso signifique una posesión, sino que, es lo que se considera como una persona estorbada por un espíritu inmundo o un demonio; sea eso en la mente o en un órgano del cuerpo.

El punto con todo esto es que es parte de experimentar la liberación, pero si aquella persona después de tener esa vivencia busca más para entender qué sucedió, aquella persona puede convertirse en un guerrero eficaz en guerra espiritual porque sabrá acerca del cómo, dónde y por qué suceden aquellas cosas del mundo espiritual, de la confrontación de poderes, de las jerarquías espirituales, de las estirpes espirituales, de la naturaleza de un espíritu inmundo, de la naturaleza de un demonio, de la naturaleza de un ángel caído y ver que si bien es cierto que no es lo mismo; tienen el mismo objetivo, atacar la vida del ser humano, muy especialmente al cristiano.

Todo esto es lo que significa el versículo de **Juan 8:32**, de manera que hoy puedo decir que, ningún espíritu inmundo, demonio o ángel caído no puede hacer nada en contra de un cristiano, a menos que haya una cesión de derechos, obviamente que ninguno con sentido común cederá sus derechos para que una entidad desconocida lo esté estorbando, de manera que entonces no es voluntariamente que eso sucede, sino que es a través de las acciones que se realizan en ignorancia, es como tiene lugar esa cesión de derechos.

Hacer cosas fuera del temor de Dios, permite que haya lugar para que las entidades de las tinieblas sean activadas para estorbar la vida de un cristiano; es más, a veces no tiene que ser algo que se considere popularmente como pecado, sino que, puede ser algo que una persona haga en calidad de un acto tradicional o cultural de una región. Participar inocentemente de cosas de carácter místico, pueden abrir una puerta por donde entrará cualquiera de esas entidades que ya mencioné.

Otra situación que puede ceder derechos es por lo que hayan hecho los ancestros, quizá una persona se esté cuidando en muchos aspectos de su vida, pero desconoce qué hizo uno de sus familiares que incluso ya murió y por lo que hizo aquel familiar, hoy posiblemente no encuentra un lugar donde le den trabajo y debido a eso, cae en el error de buscar un curandero o espiritista para que le hagan un rito con el propósito que se rompa aquella mala suerte que le heredó un ancestro y para que eso se rompa deben pasarle una hierba llamada ruda o haciendo cualquier otro acto de dudosa reacción como quemar veladoras de determinado color, fumar un puro, leer la palma de la mano, tirar cartas, etc., todo eso son costumbres del mundo secular lo cual lo único que trae es abrir puertas del mundo espiritual de las tinieblas.

Entonces la verdad es necesaria para saber que el mundo de las tinieblas no puede hacer nada en tu contra a menos que le cedas derechos, pero es entonces cuando te cuidas, aunque tus ancestros hayan hecho lo indebido porque una vez que llegas a los pies de Cristo, ya eres propiedad privada de Dios y no puedes ser poseído a partir de ese momento.

Por esa razón es que me gusta enseñar, sabiendo que si conoces la verdad, entonces serás verdaderamente libre.

Juan 1:5 Y la luz brilla en las tinieblas, y las tinieblas **no la comprendieron**.

En algún momento ya te enseñé que uno de los significados de tinieblas, es ignorancia, por eso Satanás es el príncipe de las tinieblas, porque se mueve donde hay ignorancia y ahí establece su hábitat. Cuando la ignorancia prevalece, el abuso es permitido; diría que es el momento de libertinaje; pero cuando aprendes del conocimiento de Dios, entonces las tinieblas se disipan, pero es necesario que al escuchar el conocimiento lo entiendas porque el entendimiento llega como resultado de interiorizar el conocimiento y eso se convierte en aprendizaje y todo lo aprendido se convierte en naturaleza, lo que aprendes, eso eres.

Proverbios 21:16 El hombre que se aparta del camino del saber reposará en la asamblea de los muertos.

Eso significa que la vida cristiana es de aprender, llegar a conocer, es de disipar las tinieblas a través del aprendizaje, es de experimentar el proceso de la libertad a través de la verdad que te hace libre.

El Alma Adicta Enfrenta 3 Dimensiones

Entonces, hablar desde términos arcaicos acerca de la adicción, me lleva a comprender que no solamente me limito a hablar lo que es típico cuando se enseña de la adicción a la drogadicción, mariguana, cocaína, alcohol, etc., sino que, una adicción a sentimientos equivocados y si a esto le añado el hecho que puede ser por ceder derechos a consecuencia de un acto movido en medio de ignorancia, debe llevarme entonces a ver que es un problema que se enfrenta por lo menos, desde 3 puntos de vista:

.- **Espiritual:** esto es el lado invisible de las adicciones

Es interesante que alguien consuma una sustancia que lo deteriore físicamente por los elementos químicos que conlleva, sin embargo, son supervivientes; en contraposición a un virus de gripe que lleva a una persona a que esté postrado en cama hasta que le es ministrado un medicamento para cortar el efecto de ese virus y fortalecer sus defensas inmunológicas. Por supuesto que la persona que es adicta a la drogadicción será un superviviente hasta que llegue el momento en que haga abuso de aquel químico y se vea de frente con la muerte, pero antes de eso, es como que un espíritu inmundo sostiene aquella persona.

.- **Psicológico:** esto es el lado almático y del comportamiento.

Es la parte del comportamiento, diría la parte de la lógica porque no razona, no entiende, no acepta consejos, etc.

.- **Neurológico:** esto es el lado emocional de las adicciones.

Estas son las 3 áreas que involucra a la persona adicta a emociones en general desde lo arcaico hasta hoy día que ya no es una adicción emocional, sino que se enfrenta a la drogadicción. Con esto puedes ver entonces que estoy llegando a la raíz etimológica de todo esto.

Basado en todo esto es cómo Satanás trabaja en el sistema de la observación, por cuanto él no es omnisciente, no lo sabe todo acerca de la humanidad, ni los pensamientos, pero como te observa, también conoce tus reacciones cuando pone algo o una situación delante de ti. Satanás no conoce tus pensamientos, pero deduce lo que piensas por la forma en la que actúas, es así como llega a conocer tus pensamientos, no es que él esté dentro de ti. Podría decir que si alguien se prepara para la batalla, es Satanás, por supuesto que no lo estoy magnificando porque nadie más grande que el Señor Jesucristo, nadie como Jehová de los ejércitos, varón de guerra, nunca ha perdido una batalla, es el más grande estratega de guerra, pero como Satanás es un imitador, lo que hace es detenerse a observar e imitar y engañar.

Satanás ha observado a la humanidad por siglos de siglos, si pudiera poner un límite por lo que dice la Biblia, diría que la ha observado por más de 6,000 años, tiempo aproximado de la caída del hombre hasta hoy día; esto sin contar el tiempo que pudo haber observado a Adán y Eva para conocer su debilidad porque los años que reporta la Biblia que Adán vivió son de 930 años pero cuando estudias el contexto bíblico, puedes ver que el tiempo que vivió hasta su muerte fue estando fuera del huerto, no está contado el tiempo que vivió dentro del huerto.

Es interesante que mientras Adán vivió solo en el huerto, no lo atacó, sino que, pudieron haber sido milenios de observación; el ataque fue a partir de cuando aparece Eva, ¿por qué?, por el poder posicional que tiene el hombre, pero como toda regla tiene una excepción, es entonces cuando la mujer mueve ese límite por la influencia que puede ejercer sobre el hombre; cuando es sabia, lo hará sabiamente pero cuando no, se suscita un problema. Dicho en otras palabras, Satanás sabía que a Adán no lo podía mover de la posición en la que estaba, aunque estaba solo nada lo movía si no era la voz de Dios.

Pero el punto es que Satanás trabaja bajo el sistema de observación y por eso hoy sabe en qué partes de la vida el ser humano en general, es vulnerable, sabe por dónde invertir los derechos que tiene para que sea por él mismo que pierda lo que tiene, y todo lo hace a través del engaño:

1 Timoteo 4:1 (NVI) El Espíritu dice claramente que, en los últimos tiempos, algunos **abandonarán** la fe para seguir a **inspiraciones engañosas** y doctrinas diabólicas.

1 Timoteo 4:1 BLA El Espíritu nos dice claramente que en los últimos tiempos algunos

renegarán de la fe para seguir **espíritus seductores** y doctrinas diabólicas.

1 Timoteo 4:1 Pero el Espíritu dice claramente que en los últimos tiempos algunos **apostatarán** de la fe, prestando atención a **espíritus seductores** y a doctrinas de demonios.

.- La raíz de la palabra seducción significa, **sentidos**, dando a entender que opera a través de los 5 sentidos del ser humano.

.- Las adicciones son una seducción porque intentan desviar a las personas del propósito divino.

.- La Seducción opera en combinación con otra fuerza, la cual será manipular los químicos del placer para activar o provocar a las personas a caer en el mundo de las adicciones a los placeres negativos; al punto de llegar al comparativo del nivel de amor.

Juan 3:19 (LBLA) Y este es el juicio: que la luz vino al mundo, y **los hombres amaron más las tinieblas que la luz**, pues sus acciones eran malas.

Entonces vino la seducción, el engaño y las acciones negativas, de manera que aquella gente desvió su amor a las cosas de las tinieblas, el mismo amor que le tenía a Dios, lo enfocó hacia las cosas negativas, pero ¿cómo puede ser que alguien ame a Dios y de un día para otro lo cambie todo, si la experiencia con Dios es inigualable? Realmente el proceso es largo de exponer porque intervienen muchas cosas, pero básicamente lo que sucede es que, tu espíritu humano reconoce la conexión con Dios y lo anhela constantemente, sin embargo, también interviene el alma y el cuerpo que obedece a los estímulos del alma, porque es el alma la conexión entre 2 dimensiones, como ya lo expuse; de manera que, si aún hay batallas internas y el alma, siendo la encargada de los sentires, se enfoca por lo pasajero, el cuerpo la seguirá.

Por eso estoy exponiendo el punto de la seducción, porque es de esa forma como llega la desviación y entonces sentir algo que no es de Dios, como si lo fuera, porque al final, el alma puede ser sensacionalista en cierto modo y es entonces cuando se desvía del camino.

Un espiritual percibe las cosas por el espíritu humano, pero el que es almático, obviamente que antepone las cosas por su alma, es como que escaneara lo que existe a su alrededor con un dispositivo que no reconoce un documento de buena calidad y pasa todo lo que tiene en pantalla; pero si lo escanea con ciertos parámetros, entonces no lo pasará porque no llena los requisitos para obtener la imagen en pantalla con la mejor calidad; lo mismo sucede con el alma, puede ser fácilmente engañada y entonces sus sentires enfocarlos hacia otro ente que no es Dios.

De manera entonces que, la seducción opera en combinación con otra fuerza la cual será manipular los químicos del placer para activar o provocar a las personas a caer en el mundo de las adicciones a los placeres negativos. El cerebro usa información que recibe de los 5 sentidos, almacena y recupera imágenes por medio de:

1.- El sentido de la vista
2.- El sentido del oído
3.- El sentido del tacto
4.- El sentido del paladar
5.- El sentido del olfato

Puedo decir entonces que son los sentidos los conductores por los cuales el adversario engaña a una persona por la seducción, por eso esa palabra significa, desviado por sus propios sentidos, porque es la puerta para desviar la dopamina.

Como puedes ver, esto es de suma importancia comprenderlo porque en el último tiempo, entiéndase el tiempo actual; Satanás está en una misión muy fuerte, la cual es de multiplicar la gente del mundo para que surja una generación que, como ya te lo enseñé, es la generación anhedonia, una generación que dejó de sentir placer normal para convertirse en una generación de libertinaje donde buscarán cada vez más la estimulación del placer, es donde entra en escena el adicto.

Realidades Entre Liberado y Libre

Para continuar con el desarrollo de este capítulo, considero necesario dejar establecido lo siguiente:

Liberado: arrebatado del reino de las tinieblas (esclavitud).

Libre: descontaminado, desatado, desacondicionado (cautiverio).

Libertad: gobiernas tu mismo tu vida (aquí es donde hay un riesgo por el libre albedrio porque alguien puede pensar que es maduro espiritualmente y que haciendo determinadas actividades no se contaminará, pero no sabe que esa situación es parte de la operación de error de las tinieblas para atraerlo nuevamente al cautiverio.

1 Corintios 6:12 Todas las cosas me son lícitas, pero no todas son de provecho. Todas las cosas me son lícitas, pero yo no me dejaré dominar por ninguna.

La Operación De Remover La Hedónia Natural

La operación Anhedonia es la manipulación de tus sensaciones, emociones, deleites, placeres, apetitos, etc.

Salmo 10:3 (RVA2015) Porque **el impío se gloría del apetito de su alma**, y el codicioso maldice y desprecia al SEÑOR.

El punto es que, el diablo sabe cómo jugar con tus sentires, el diablo sabe cómo manipular o jugar con tus emociones, con tus sentimientos, tus deleites y placeres.

Se le llama Anhedonia al hecho de quitar el deleite natural con otra sensación, provocando que tu nivel normal del placer, de sensación, lo emocional, etc., suba más alto de lo normal. Así opera la adicción, haciendo al creyente un adicto a otros placeres, sensaciones y emociones, haciendo de esa forma que Dios quede por un lado en su importancia personal.

Las Adicciones Del Siglo XXI

Esta son algunas de las adicciones de este tiempo y todas son movidas por un espíritu de tinieblas; obviamente son de aspectos psicológicos, mental, químico pero manipulado por entidades de las tinieblas:

Anorexia, bulimia, tabaquismo, alcoholismo, drogadicción, pornografía, juegos de apuesta, adictos al trabajo, adictos sexuales, adictos al internet, compradores compulsivos o adictos a comprar, etc., esto sin contar que, además que Satanás está dispuesto a manipular sensaciones, sentimientos, deleites, placeres y deseos negativos; también hay gente adicta a todo eso.

La Pérdida Del Placer y La Adicción

La pérdida del placer normal, paradójicamente conduce a la búsqueda del placer excesivo y eso da lugar a la adicción de otras cosas.

El nacimiento de la adicción tiene lugar cuando Satanás ha extraído el placer normal, bloqueando el centro del sistema del placer.

Puntos importantes del nacimiento de la adicción

.- La adicción nace cuando se pierde el sentido del placer o deleite normal.

.- La adicción puede llegar a robar el verdadero placer o deleite.

.- La adicción es el abuso al placer, como consecuencia de haber sido bloqueado el placer normal.

.- Luego la adicción produce comportamiento negativo.

.- Hay adictos a la comida, al deporte, al sexo, etc.

.- La adicción siempre implica una pérdida de control sobre los pensamientos, sentimientos, ideas o comportamientos.

.- Da lugar a los apetitos desenfrenados.

La Biblia revela los tipos de pecado que aumentarán en el tiempo actual, motivados por espíritus, entre ellos, los que tienen que ver con adictos.

La idea de adicciones o drogas

.- En griego lo hace, puede que no lo muestre en la traducción en español o en inglés.

.- La gente dice no veo en la Biblia la palabra adicción a las drogas, si analizas en griego, es en el

Nuevo Testamento donde lo encontrarás, es más específico en el Libro de Apocalipsis.

Apocalipsis 9:20-21 (LBA) Y el resto de la humanidad, los que no fueron muertos por estas plagas, no se arrepintieron de las obras de sus manos ni dejaron de adorar a los demonios y a los ídolos de oro, de plata, de bronce, de piedra y de madera, que no pueden ver ni oír ni andar; 21 y no se arrepintieron de sus homicidios ni de sus **hechicerías** (G5331 pharmakeia) ni de su inmoralidad ni de sus robos.

.- La encontrarás también en Gálatas capítulo 5, es la palabra Farmacia pero en griego tiene una definición muy diferente y se refiere a Brujería.

Gálatas 5:19-21 (LBA) Ahora bien, las obras de la carne son evidentes, las cuales son: inmoralidad, impureza, sensualidad, 20 idolatría, **hechicería** (G5331 pharmakeia), enemistades, pleitos, celos, enojos, rivalidades, disensiones, sectarismos, 21 envidias, borracheras, orgías y cosas semejantes, contra las cuales os advierto, como ya os lo he dicho antes, que los que practican tales cosas no heredarán el reino de Dios.

.- Eso significa que la palabra farmakia o drogas, que es a la vez la hechicería, puede estar bajo la manipulación del mundo de lo demoníaco, del mundo de la brujería y las hechicerías, en ese momento las entidades pueden entrar en tu mente.

Fuerzas Incontrolables y Los Pecados Del Fin

Una vez que has visto en la Biblia y confirmado en el mundo su cumplimiento, quiero exponer lo que está dándose lugar y que continuará en el mundo:

.- **Adoración a falsos dioses:** pecado de idolatría.

.- **Muertes:** derramamiento de sangre inocente.

.- **Inmoralidad sexual:** fornicación, adulterios, pecados sexuales.

.- **Robos:** hurtos, fraudes, vandalismo, extorsiones.

.- **Hechicerías:** actividad de ocultismo, drogas, fármacos (**adicciones**), adictos a sensaciones equivocadas.

Los pecados y prácticas que aumentarán

En las citas de Apocalipsis y Gálatas, dejé interpuesto el código del diccionario Strong que ahora te describo más ampliamente:

.- Hechicería: 5331 un pharmakeia

.- Es el uso o la administración de medicamentos con categoría de drogas.

.- Envenenamiento.

.- Brujería, las artes mágicas, a menudo en conexión y fomentado con la idolatría.

.- **Gálatas 5:20; Apocalipsis 9:21, 18:23, 21:8, 22:15**.

Como puedes notar, la hechicería ha llegado más allá de lo que no puedes imaginar, al punto que el mundo lo ha legalizado, sin referirme a las más actuales legalizaciones de droga, sino que, existe una industria de la cual la humanidad se ha hecho dependiente con tal de estar tranquila en su cuerpo, dicho en otras palabras, la farmakia del siglo XXI, por lo que puedes ver en la Biblia, es el problema de la farmakia o hechicería que está íntimamente relacionada con las drogas.

1. En su contexto original significa medicamento.

2. Pero por implicación se refiere a toda forma de hechicería.

En los días del Apóstol Juan, la palabra farmacia estaba conectada con sustancias, con drogas que alteraban o cambiaban la mente.

Estas sustancias o drogas eran elaboradas o extraídas de raíces y eran usadas por hechiceros o brujos.

3. Los sacerdotes de los cultos paganos ofrecían estos hechizos a las personas que venían a ellos en busca de ayuda a problemas de salud o espirituales.

4. La gente al consumirlos tenían efectos alucinógenos que los hacia sentirse bien.

5. Esto es lo que pasa hoy en día con las personas que caen en las adicciones de las drogas, muchos de ellos lo hacen tratando de huir de los problemas de cualquier índole.

Es asombroso cómo la humanidad sigue cayendo en los engaños de las tinieblas porque en algunos países se ha autorizado el consumo de la mariguana sin que haya penalización de ningún tipo; de igual manera se ha legalizado el consumo de hongos alucinógenos. El problema con esto es que, aquella persona que cae bajo la influencia de drogas, se le activa la glándula pineal, es un pequeño punto que está en la vertebra 33 de la anatomía del cuerpo humano, siendo Dios quien la creó como parte del cuerpo humano, pero la desactivó el día que el hombre pecó en el huerto.

Lamentablemente, la humanidad con hambre de poder, ha avanzado en la ciencia llegando en muchos casos a jugar a ser dios, pretendiendo manipular cada minuciosidad del cuerpo humano; lo extraordinario de esto es que, todo esto está vinculado con la industria farmacéutica. Por supuesto que esto es sin mencionar lo que los brujos hacen a la manera arcaica, pero de igual forma manipulando la conciencia de la humanidad, activar así la glándula pineal y poder ver entonces el mundo espiritual, los espíritus que andan sobre ellos e invitarlos a que los posean para seguir practicando su ocultismo.

En algunos países sudamericanos, en las áreas de la Sierra o pueblos que se localizan muy lejanos de ser fiscalizados, consumen una raíz Ayahuasca que les sirve para ver el mundo espiritual que los rodea, son parte de los alucinógenos que hacen posible aquello que no es lícito delante de Dios.

Adictos a Sensaciones Equivocadas

¿Por qué Satanás intentaría manipular las sensaciones?

La respuesta es muy simple: por el desenfrenado placer que hay en la mayoría de los pecados.

.- Interesantemente, si se eliminara la sensación del placer a los pecados, nadie pecaría, pero como existe, entonces el cristiano es vulnerable a pecar.

.- El pecado conlleva un sentimiento en que el enemigo conoce, por lo tanto, mientras seas adicto al sentimiento equivocado, estás corriendo un peligro, por eso no debes permitir las tentaciones en secreto porque eso te convierte en presa fácil del adversario.

.- Cuando Satanás lanza una tentación, llega a 3 puntos, siendo el principal el ataque al lado químico del cerebro; la dopamina está siendo atacada constantemente, considerando que los expertos afirman que la recuperación de una situación donde infiere un ataque de cualquier naturaleza, lleva 2 años en que se recupere.

Cuando una persona está siendo asediada sexualmente, tanto el hombre como la mujer; principalmente cuando se trata de un matrimonio con problemas; resulta que el cónyuge le hace bajar la dopamina y otra persona se la puede estar elevando a niveles fuera de lo normal, es ahí donde se está abriendo la puerta al pecado de adulterio.

.- Satanás puede hacer adictos a sensaciones negativas, a aquellos que no le prestan atención a sus emociones y sentimientos naturales; lo hace para ver si las puede transformar en sensaciones equivocadas, por ejemplo: el cónyuge que permite pasar su amor a una costumbre, esa persona está en riesgo muy alto de que lo hagan pasar a sensaciones negativas, ilícitas delante de Dios porque dejó que el amor por su cónyuge se enfriara. La llama del amor de aquella persona no ha muerto, lo que sucedió fue que Satanás hizo una redirección hacia lo que es prohibido, en el caso de los matrimonios, a un pecado de adulterio.

A todo esto, debes saber que Satanás es experto en la manipulación de los sentires, lo hace por medio de lo que en la Biblia se conoce como dardos encendidos; él sabe lo que puede lanzar en pos de mover tus pensamientos a lo que él quiere que pienses, de manera que también usa seres humanos, al punto de llegar a ser maestros manipuladores y un estorbo si aprovecha tu lado emocional en lugar de tu lado racional, por ejemplo:

.- La amargura

.- La murmuración
.- El chisme
.- La mentira
.- El dolor
.- La victimización
.- La lástima
.- La ira
.- La violencia
.- El control
.- La manipulación

Todo esto tiene una doble intención de parte de las tinieblas, porque además de impedirte que alcances la libertad y mantenerte en esclavitud, también tiene el propósito de enfermarte porque son sensaciones equivocadas con emociones intoxicadas para llegar a la consecuencia de enfermedades psicosomáticas.

El diablo quiere destruirte porque odia la idea que seas templo y morada del Espíritu Santo. Por esa razón es que, si en algún momento te hicieron una injusticia y eso te ha provocado deseos de venganza, es mejor que te esfuerces por perdonar de todo corazón con el propósito de no permitir que haya una raíz de amargura y haga estragos en tu alma.

Consecuencias De

Las Emociones Adictas

Los pensamientos contaminados y el estrés no atendido, está vinculado a una larga lista de problemas físicos, por ejemplo:

Problemas cardiovasculares

Hipertensión, palpitaciones, arritmias, mareos prolapso de válvula mitral, (pérdida de tono de la válvula mitral del corazón que causa filtraciones), taquicardia, atrial paroxismal (arritmia), contracciones ventriculares o atriales prematuras (latidos irregulares).

Problemas gastrointestinales
Reflujo gastroesofágico, úlceras, gastritis, acidez estomacal, indigestión, constipación, diarrea e irregularidades relacionadas síndrome de colon irritable, enfermedad inflamatoria de los intestinos (incluyendo mal de crohn y colitis ulcerosa).

Dolores de cabeza

Migrañas, dolor de cabeza por tensión.

Enfermedades de la piel

Soriasis, eczema, urticarias, acné.

Tracto genitourinario

Prostatitis crónica, (infección de la próstata), infecciones vaginales crónicas y recurrentes, micción frecuente, pérdida del impulso sexual e impotencia, infecciones urinarias frecuentes, niveles disminuidos de progesterona y testosterona.

Dolor e inflamación

Dolor de espalda crónico, fibromialgia, síndrome de dolor crónico, tendinitis, síndrome de túnel carpiano, problemas de articulación témporo-maxilar

Disminución inmunológica

Fatiga crónica, infecciones crónicas y recurrentes de todo tipo.

Problemas pulmonares y respiratorios

Resfríos, infecciones en senos paranasales, dolores de garganta e infecciones de oído crónicas o recurrentes, bronquitis o neumonía crónica o recurrente, asma, broncoespasmos, dificultad para respirar hiperventilación.

Todo esto es lo que Satanás busca para tu vida haciéndote esclavo de enfermedades, pero Dios desea hacerte libre y que estés alerta de cualquier situación a tu alrededor, no estoy diciendo que vivas atemorizado, sino bajo la ley de la libertad en Cristo Jesús.

ALMA ADICTA A LA VIDA IMPÍA

2 Timoteo 2:15-16 (VM2) Procura con diligencia presentarte ante Dios como ministro aprobado, obrero que no tiene de qué avergonzarse, manejando acertadamente la palabra de la verdad. ¹⁶ Mas evita los discursos profanos y vacíos; porque los **adictos** a ellos avanzarán más y más en la **impiedad**…

ALMA ADICTA A LA MALDAD

Eclesiastés 8:8 (VM2) Nadie hay que tenga potestad sobre el espíritu suyo, para retener el espíritu; ni tiene autoridad el día de la muerte; y no hay descargo en esta guerra: y **la maldad no podrá librar a los que le son adictos**.

ALMA ADICTA A LA IDOLATRÍA

Isaías 44:10-11 (VM2) ¿Quién es aquel que ha formado un dios, o fundido una escultura, que para nada sirve? ¹¹ He aquí que **todos sus adictos serán avergonzados**; y artífices son de raza humana, ¡júntense todos, preséntense! ¡temblarán, serán avergonzados a una!

Hechos 19:35 (VM2) Y cuando el síndico hubo apaciguado la multitud, les dijo: Señores efesios, **¿quién hay de los hombres que no sepa que la ciudad de los efesios es sumamente adicta al culto de la gran Diana**, y de la imagen que bajó de Júpiter?

ALMA ADICTA AL DINERO O MATERIALISTA

Mateo 6:24 (VM2) Ninguno puede servir a dos señores, porque o aborrecerá al uno y amará al otro, o **será adicto al uno** y despreciará al otro. No podéis servir a Dios y al Dinero.

Con esto lo que estoy mostrándote es que, adicto no es solamente aquel que tiene problemas a la drogadicción, alcoholismo y otras sustancias químicas, sino a otras cosas que son más sutiles por lo que debes tener mayor cuidado en no caer en ellas.

Por eso debes hacer un inventario de tu vida y ver a qué te inclinas de manera desequilibrada, a qué te apegas tanto que te puedas estar provocando sensaciones equivocadas, etc., todo lo que ya expuse, debes analizarlo para ti, no para tu prójimo porque esto es una llamada de atención, una alerta para despojarte de lo que te pueda impedir ser protagonista de las bodas del Cordero, porque el tiempo que hoy vives es el profetizado por los profetas del Antiguo Testamento y en cualquier momento podrías escuchar el sonar de la trompeta de Dios llamando a Su encuentro en las nubes donde será el tribunal de Cristo y es ahí donde serás aprobado para salir rumbo a las bodas del Cordero o podrías no salir aprobado porque no te diste el tiempo de analizar todo lo que hasta aquí has aprendido.

Hoy es el día, aún te queda algo de tiempo para desechar aquello que es una sensación negativa, ¿cómo identificarla?, en todo lo que hasta aquí has leído, puede ser una guía para tener un comparativo; por supuesto que todos debemos hacer ese análisis porque nadie está exento de que el adversario lo engañe, mientras estemos en la Tierra, seguirá habiendo oportunidad de santificarte más y más, pero también habrá riesgo de ser engañados.

Las Batallas del Alma Adicta

Capítulo 8

Todo lo que hagas, debes ponerlo primero ante Dios para que sea El quien te dirija en todo momento para que siempre estés completamente claro que, es Dios el único digno de gloria y que así no haya espacio para vanagloria humana que a veces se quiere acreditar incorrectamente a una persona, peor aún cuando esa vanagloria es hacia uno mismo.

Te digo esto porque si bien es cierto que debes ser guiado por el Espíritu Santo para salir a la batalla en el nombre de Jesús, también es cierto que debes equiparte como lo estas haciendo a través de esta literatura de guerra espiritual porque será entonces cuando los esquemas de las tinieblas serán descubiertos y de ese momento en adelante quedaran sin valides, sin fuerza, el elemento sorpresa que los bandos en una guerra quieren ganar; será desvanecido para las tinieblas.

Porque para nadie es de nuevo saber que, Satanás sigue trabajando en sus ardides para derrotarte y que seas su esclavo; de manera que no habría espacio para esta temática, si no hubiera esa necesidad de que mientras estés en la Tierra, batallarás principalmente con 2 cosas, 1 es tu propia carne y la 2, las entidades del reino de las tinieblas. Si te pregunto: ¿cuál de estos 2 enemigos son más peligrosos?, ¿qué responderías?, obviamente la carne, por eso dice la Biblia, no confiarte de la que duerme a tu lado; no está hablando del cónyuge porque entonces ¿cómo podría interpretarse con los solteros?, está refiriéndose al alma con músculo, o sea, carne, eso por motivo de la batalla silenciosa que lleva constantemente.

Cuando escuchas el término, carne, está refiriéndose a un cristiano que necesita evolucionar, se ha quedado estancado en su vida espiritual y es el estado de la carne la que está prevaleciendo; sin embargo, el cristiano se resiste a que otra persona sepa de sus batallas, siendo así que esas batallas las libra en silencio, sobre lo cual el adversario toma ventaja, porque el reino de las tinieblas opera en un sistema de observación para detectar las batallas del cristiano, principalmente cuando son batallas que se está librando desde hace mucho tiempo, es entonces que bajo ese escenario, Satanás toma ventaja a manera que esa batalla de la carne se convierta en una batalla espiritual.

Nadie debe sentirse acusado respecto a que podría estar bajo ese tipo de ataques, porque todo cristiano estará en ese estado en algún momento de su vida, considerando que el caminar del cristiano es una verdadera evolución que comienza de lo menos y se dirige hacia lo mas y mejor, por eso dice la Biblia que, el que comenzó la buena obra, poderoso es para perfeccionarla. Cuando aceptaste a Jesús en tu corazón, fue el inicio de esa obra maravillosa la cual día con día está siendo perfeccionada.

Por eso también dice la Biblia que el caminar del justo es como la luz de la aurora que va de aumento en aumento hasta que el día es perfecto; de ahí que, los ministros que Dios usó para escribir las epístolas y que hoy son esa guía para tu vida, vivieron cosas similares a las que vives hoy y dentro de todo lo que dicen las epístolas, encuentras la descripción de 5 tipos de hombres, empezando por el hombre natural al cual en algunas versiones de la Biblia fue traducido como el hombre animal, haciendo referencia al estado del hombre antes de ser cristiano.

1 Corintios 2:14 (LBLA) Pero **el hombre natural** no acepta las cosas del Espíritu de Dios, porque para él son necedad; y no las puede entender, porque se disciernen espiritualmente.

1 Corintios 2:14 (RV) Mas **el hombre animal** no percibe las cosas que son del Espíritu de Dios, porque le son locura: y no las puede entender, porque se han de examinar espiritualmente.

Debes comprender que todo ser humano nace en ese estado y solamente evoluciona el que trasciende a ser cristiano, nadie nace siendo cristiano, quizá haya nacido en medio de una religión, pero ese encuentro maravilloso con Jesús, tuvo que experimentarlo al tener consciencia lo cual tuvo que ser después de algunos años de vida. Antes de la vida que un cristiano pudo encontrar en Cristo Jesús, hacía cosas indecorosas que seguramente hoy sean motivo de vergüenza, no de acusación, pero sí lleva a la reflexión que fue un tiempo perdido.

No obstante, cuando una persona llega a Cristo, no se convierte en un hombre o una mujer espiritual de un momento a otro, sino que pasa a ser una persona carnal; el problema es estancarse en ese estado porque es entonces cuando surgen las batallas en la carne, eso significa que se siente con ciertas inclinaciones a la vida que dejó antes de ser cristiano; aún tiene que batallar con deseos de su alma:

Gálatas 5:16-21 (RV 1960) Digo, pues: Andad en el Espíritu, y no satisfagáis los deseos de la carne. [17] Porque el deseo de la carne es contra el Espíritu, y el del Espíritu es contra la carne; y éstos se oponen entre sí, para que no hagáis lo que quisiereis. [18] Pero si sois guiados por el Espíritu, no estáis bajo la ley. [19] Y manifiestas son **las obras de la carne**, que son: adulterio, fornicación, inmundicia, lascivia, [20] idolatría, hechicerías, enemistades, pleitos, celos, iras, contiendas, disensiones, herejías, [21] envidias, homicidios, borracheras, orgías, y cosas semejantes a estas; acerca de las cuales os amonesto, como ya os lo he dicho antes, que los que practican tales cosas no heredarán el reino de Dios.

Es necesario trabajar en pos de deshacerte de ese tipo de influencias porque si se prolongan las batallas de las obras en la carne y el diablo logra detectarlo, cada una de esa batallas se puede convertir en un espíritu, por ejemplo, la obra de la carne de celo, se convertirá en un espíritu de celo el cual al evolucionar en el mal, alcanzará a tener un calificativo de carácter psicológico llamado celopatía, lo cual es el extremo de algo que comenzó con la obra de la carne y que ahora con el espíritu inmundo manipulando a la persona, oye, ve, siente cosas que no son; es lo que quizá se conoce más comúnmente como celos enfermizos, lo cual cela a otra persona diciendo que incluso tiene pruebas, pero no las tiene, se las ha imaginado a consecuencia de ese grado de celopatía.

Cuando alguien se queda estancado en la faceta de las obras de la carne, terminará haciendo cosas que no entiende por qué las hace, la persona hará cosas que aún sabiendo que son dañinas contra otra persona y que no las quiere hacer, igualmente la terminará haciendo; por eso dice la Biblia:

Romanos 7:15 Porque lo que hago, no lo entiendo; porque no practico lo que quiero *hacer*, sino que lo que aborrezco, eso hago.

Es en la carne cuando se pueden librar batallas que están vinculadas a cosas que aquella persona tiene mucha inclinación o que está fuertemente ligado, siendo entonces estas las batallas del alma adicta.

Hoy tu tarea, ayudado por el Espíritu Santo, es que alcances a ser un hombre o una mujer espiritual, es a lo que Dios te está llevando, para que después llegues a ser una persona de Dios, siendo ese estado una naturaleza no un título.

Como lo he señalado en repetidas oportunidades a lo largo de este libro; toda la advertencia que hace la Biblia, es para toda la Iglesia de Cristo, no es para un inconverso, es para ti y para mí, por eso la Biblia hace un llamado a crecer y madurar espiritualmente hablando y ser valientes, conocedores del tipo de batalla para llegar a ser vencedores.

Lamentablemente existen denominaciones cristianas que niegan la existencia de Satanás, el reino de las tinieblas y sus influencias, pero realmente de ser así, habría que omitir muchas páginas de la Biblia lo cual no es posible. Por eso hay temas que al cristiano le hacen creer que no tiene por qué buscar la ministración de su alma, quién lo libere; es entonces cuando la misma religión o doctrina denominacional ubica al cristiano a que experimente batallas privadas o en secreto con un enemigo que es más peligroso de Satanás, el "yo" interno. Si hay alguien que puede dañarte más que Satanás, eres tú mismo.

El "yo" interno de una persona, pasa muy por alto la realidad que vive a diario, lo vulnerable que es ante ciertas situaciones que no puede subestimarlas pensando que no le ocasionarán problemas en la vida; debe estar consciente que su historia no empezó con él o con ella, sino que viene de una línea ancestral muy larga donde le pueden estar heredando cosas que desconoce y que de pronto por un descuido, genéticamente se le pueden activar a consecuencia de los ardides de las tinieblas de aquellas cosas que por mucho tiempo han planificado antes de lanzar su ataque.

Es lamentable que dentro de la cultura Latinoamérica, en términos generales, no se busca consejeros, pero hay otras culturas que si las buscan sin esperar tanto tiempo. Estadísticamente se ha comprobado que, entre el hombre y la mujer, la que más busca consejería es la mujer, mientras que el hombre prefiere librar sus batallas a solas y en silencio, con lo cual está cediéndole una ventaja muy grande al reino de las tinieblas; el hombre, el que es cabeza de casa, es quien más debería buscar ayuda por la misma razón que tiene la responsabilidad de ser cabeza de casa, el pastor de su familia.

Cuando una persona lleva a la luz de Jesús las batallas internas que está teniendo, los esquemas de las tinieblas están siendo manifiestos, la fuerza de la intriga que eso pueda causar, disminuye cada vez más y eso hace que la persona pueda avanzar a otro nivel.

2 Corintios 2:11 ...para que Satanás no tome ventaja sobre nosotros, pues no ignoramos sus ardides.

Ardides G3540 nóema: intelecto, entendimiento, maquinación.

De acuerdo con la forma en que está expuesto este versículo, dice que no hay ignorancia de los ardides de Satanás; cuando hay conocimiento de aquello que el adversario ha trabajado en contra de tu persona, aquellos ataques pierden potencia hasta que quedan sin validez.

Una vez más quiero hacer énfasis en que es a la Iglesia de Cristo a la que le están hablando, no es a gente que no le importa lo que Dios diga, porque, ¿de qué le sirve todo esto a un inconverso?, de nada porque en primer lugar no lo creerá y segundo, su espíritu está muerto en delitos y pecados entonces no le importa, pero a la Iglesia de Cristo sí debe importarle porque Satanás, aunque no lo estoy magnificando, tampoco puedo pasar por alto que tiene mucha experiencia en hacer el mal, tiene siglos de estar en ese oficio y lo ha hecho con inteligencia porque es entendido en la naturaleza de la problemática humana.

El intelecto que tiene Satanás lo hace ser muy sofisticado en maquinaciones contra el creyente, por eso puedes ignorar esa realidad porque debes aprender a descubrir la naturaleza de los problemas.

Efesios 6:11 Revestíos con toda la armadura de Dios para que podáis estar **firmes contra las insidias del diablo**.

Insidias G3180 methodeia: método, esquema, modus operandi

Mientras no conozcas los ardides, entendimiento e inteligencia del diablo contra ti, de nada te servirá creer que tienes la armadura de Dios, si no es así, porque, si toda causa tiene un efecto, puedo decir que a causa de conocer la forma en que opera Satanás, entonces te es efectiva la armadura de Dios. Puedes decir que eres diestro con la espada del Espíritu, la cual es la palabra de Dios, porque la has estudiado y la vives, de tal manera que cuando el diablo lanza cualquier tentación puedes decirle como respondió Jesús en el desierto, ...escrito está... puedes decir que te es efectivo el yelmo de la salvación porque mantienes la mente de Cristo y no dejas que las tinieblas involucionen tu forma de pensar.

La armadura de Dios no es un amuleto o un eslogan pretendiendo que con decir que tienes puesta Su armadura los demonios huyen; la armadura de Dios la llevas en las partes más vulnerables de tu vida por donde el enemigo puede causarte problemas, pero insisto, no es un amuleto sino que, es algo que se vive a manera que al estar blindado de santidad, el enemigo verá que llevas la armadura de Dios, te verá como un guerrero del ejército de Dios, diestro para la batalla porque has sido equipado adecuadamente y has asimilado toda la enseñanza que Él te envía a través de Sus siervos y por todos los medios que hoy día están a tu alcance, como lo puede ser este libro que hoy estás estudiando.

Si eres guerrero de Jehová de los ejércitos, podrás anticiparte a los esquemas estratégicos de las tinieblas porque tienes mentalidad militar espiritual de parte de Dios; de manera que al descubrir esos esquemas dejan de ser eficaces, puedes debilitarlos y atacar en el nombre de Jesús para hacer retroceder al adversario.

Efesios 6:13 Por tanto, tomad toda la armadura de Dios, para que **podáis resistir en el día malo**, y habiéndolo hecho todo, estar firmes.

¿Cuál es ese día malo, de acuerdo al contexto bíblico?, es el día que Satanás te ve más vulnerable por cualquier situación, porque así como tú estás en el ejército de Dios con esquemas estratégicos para destruir fortalezas de maldad; el adversario también sigue buscando la forma de engañarte, hoy lo hace de una forma y si no le es efectivo su engaño, sigue estudiando la forma de hacerlo al día siguiente hasta que llega el día en el que puedes sentirte debilitado en cierta área de tu vida y es ahí donde entra en escena el día malo.

Los versículos que describí de **Efesios 6:11, 13 y 2 Corintios 2:11**, son un llamado de parte de Dios para la Iglesia de Cristo, hablando estratégicamente como comandante general de un ejército, usa terminología militar porque está describiendo la naturaleza del conflicto en una batalla, donde habrá heridos, otros vencidos y otro que es conquistador; por eso el llamado de Dios es a que seas conquistador y si en algún momento eres herido, tengas la capacidad de recuperarte luego para continuar adelante en el nombre de Jesús y no te quedes tirado lamentándote nada.

Por supuesto que, para eso, es necesario estar revestido con la armadura de Dios y estar convencido que puedes resistir el día malo, puedes destruir los ardides, los esquemas, el intelecto, la sabiduría de Satanás que, siendo muy estratégico, militar y poderoso, pero se puede limitar anular, reprender y echar fuera en el nombre de Jesús. ¿Por qué puedes lograrlo?, porque Jesús pagó el precio en la cruz del calvario en todo, te sustituyó en batallas para que puedas adquirir ese derecho legal espiritual para poder vencer en el nombre de Jesús, cualquier tipo de batallas de tu alma adicta.

La Batalla Contra La Adicción

Lucas 21:34 (LBA) Estad alerta, no sea que vuestro corazón se cargue con disipación y **embriaguez** y con las preocupaciones de la vida, y aquel día venga súbitamente sobre vosotros como un lazo…

Embriaguez 3178 methe {meth'-ay} intoxicación.

Este término griego es de donde viene la palabra metanfetamina.

Con esto puedes ver entonces que, el alma adicta está vinculada con cargarse con disipación, embriaguez y las preocupaciones de la vida; pero lo que debe llamarte la atención es que, está hablando del corazón, del motor de tu vida humana que se puede cargar por la problemática que esté viviendo.

Quiero llamarte la atención con la palabra disipación, porque según el diccionario secular, es una palabra cuyo sinónimo puede ser, desenfreno, libertinaje, vicio, desorden, entre otros. Entonces, si puedo parafrasear **Lucas 21:34**, puedo decir que, debes estar alerta para que tu corazón no se cargue de desenfreno intoxicado con las preocupaciones de la vida; eso me deja ver que con mucha facilidad puedes estar en medio de una adicción del alma por los problemas que de pronto llegan a tu vida, sea problemas de cualquier naturaleza.

Por otro lado, la palabra embriaguez hace referencia a inclinarse a algo que aún está en el alma reprimido y que no lo has vencido. De aquí entonces el hecho haya gente que constantemente está sumida en el mismo pecado, sea cual sea.

Mateo 27:33-34 Cuando llegaron a un lugar llamado Gólgota, que significa Lugar de la Calavera, ³⁴ le dieron a beber **vino mezclado con hiel**; pero después de probarlo, no lo quiso beber.

Lo que dejé marcado en este versículo, es para que puedas notar como Satanás vuelve a lanzar otra tentación contra Jesús al pretender que bebiera vino, como la bebida natural de aquel entonces, pero mezclado con hiel. Es lo que el diablo hace con el cristiano en el ámbito espiritual, estando sumido en el más grande problema que jamás pensó que viviría, de pronto llega con la tentación para pretender suavizar el dolor; pero debes recordar que la prueba llega a tu vida, precisamente para eso, para probarte si has aprendido de lo que has vivido y puedes estar firme en el nombre de Jesús ante las tentaciones, porque el diablo llegará con aquello que puede llamarte la atención a manera que caigas, por eso dice la Biblia que no veas al vino cuando rojea, como diciendo que la tentación brillará pretendiéndote hacer creer que ahí encontrarás la salida, pero no es así, sino que, es cuando más problemas puedes encontrar:

Proverbios 23:31-33 No mires al vino cuando rojea, cuando resplandece en la copa; entra suavemente, ^{32} *pero* **al final como serpiente muerde, y como víbora pica**. ^{33} Tus ojos verán cosas extrañas, y **tu corazón proferirá perversidades**.

Jesús estando en medio de todo lo que padeció, lo tentaron para adormecer sus sentidos y que su sacrificio se viera manchado; por eso, cuando sintió lo que estaba bebiendo lo rechazó. No obstante, algunas versiones de la Biblia, traduce vinagre en lugar de vino, de lo cual puedes ver lo siguiente:

Vinagre G3690 OXOS: era una mezcla de vino hecho vinagre que les daban a los soldados para endrogarlos antes de ir a batallas feroces.

Vinagre: viene de una raíz que significa **ACIDO, G3691 OXUS** Brebaje embriagante, vino mezclado con mirra y hiel.

.- Antigua droga que aminoraba padecimientos.
.- Las mujeres judías solían ofrecer a los ajusticiados para atenuar sus sufrimientos.
.- Era un estupefaciente por eso Jesús los rechaza.

Lo que Satanás quería hacer era endrogar a Jesús para que su sacrificio no cumpliera el propósito de ser agradable a los ojos de Dios Padre. Esto te enseña entonces que el Señor Jesucristo ya pagó por ti, para que hoy no estés padeciendo con una adicción en tu alma y que vivas libre de toda adicción; pero esto involucra el hecho que, si estás librando batallas en lo secreto, en silencio, debes buscar ayuda porque tienes la solvencia para hacerlo. Recuerda que, si tu cuerpo será glorificado, también lo será tu alma, pero si tiene alguna adicción, eso será su impedimento.

En el tribunal de Cristo te examinarán el alma y si tienes la cabeza en el cielo, pero tu pensamiento en el mundo; serás devuelto a la Tierra para que completes tu proceso de purificación. Por eso hoy tienes la oportunidad de batallas, si no sabes cómo o si se te ha complicado la batalla, debes pedir ayuda de inmediato para ser protagonista de las bodas del Cordero, no un invitado solamente, sino protagonista que estarás al lado del Señor Jesucristo como parte de la novia del Señor.

1 Corintios 15:50-53 (LBLA) Y esto digo, hermanos: que la carne y la sangre no pueden heredar el reino de Dios; ni lo que se corrompe hereda lo incorruptible. **51** He aquí, os digo un misterio: no todos dormiremos, pero todos seremos transformados **52 en un momento, en un abrir y cerrar de ojos**, a la trompeta final; pues la trompeta sonará y los muertos resucitarán incorruptibles, y nosotros **seremos transformados**. **53** Porque es necesario que esto corruptible se vista de incorrupción, y esto mortal se vista de inmortalidad.

Difícilmente alguien puede describir cómo será esa transformación, de lo que puedes estar seguro es que serás transformado; pero si no has hecho tu mayor esfuerzo por cambiar tu forma de pensar, si no te has ocupado en evolucionar, subirás a la nubes, pero solamente para que te digan por qué no puedes seguir rumbo a las bodas del Cordero; quizá la gente que tenga esa confirmación le sea más fácil trabajar en pos de ese cambio de mente porque se los habrán confirmado que no fue aprobado por determinado momento; de ahí el valor entonces para ser de los mártires de la gran tribulación, porque estando convencidos de lo que vieron sus ojos, no darán marcha atrás a precio de su vida.

La Escatología Del Alma

Aquí es donde entra el punto de la escatología:

1 Tesalonicenses 5:22-23 ...absteneos de toda forma de mal. **23** Y que el mismo Dios de paz os santifique por completo; y que todo vuestro ser, espíritu, alma y cuerpo, sea preservado irreprensible para la venida de nuestro Señor Jesucristo.

Las palabras claves en este pasaje son las siguientes:

.- **Absteneos:** restringirse uno mismo, dominarse así mismo.

.- **Forma de mal:** maligno, malo, malvado, malas cosas, degeneración de la virtud original.

.- **Completo:** Holokleros – sin división, no fragmentada (está refiriéndose a la gente de doble ánimo, doble alma o bipolar).

.- **Espíritu, alma y cuerpo:** será glorificado cada parte de tu ser.

.- Preservado irreprensible: sin ninguna mancha alcanzando cada vez un mayor estado.

.- Venida: escatología personal.

La realidad de todo en la fenomenología es para la deformación, que entró en escena a la otra realidad, cuando se le permite lugar a lo llamado carne.

La Batalla Contra La Adicción

Todas las adicciones se vuelven una obsesión, más tarde las personas serán encadenadas y entregadas fuerzas del espíritu poneros que llevará a la esclavitud de las vidas.

Las adicciones y el cerebro

Todas las adicciones cambian el cerebro de las personas y afectan a las personas de varias formas. Los daños en el cerebro son lo que los ojos naturales no han podido ver en la dimensión normal.

¿Cómo las adicciones afectan la vida de las personas?

.- Con problemas legales – viola leyes espirituales y terrenales.

.- Con problemas familiares – divorcios, vergüenza de los padres, etc.
.- Con problemas de salud – a consecuencia de las preocupaciones en el alma.

La buena noticia es que las personas pueden ser libres si tienen el tratamiento adecuado, especialmente si alcanzan el conocimiento apropiado guiado por el Espíritu Santo.

Los Adictos A Las Sensaciones Equivocadas

Es lamentable que estando a las puertas del encuentro en las nubes de la Iglesia de Cristo con Dios; aún haya problemas muy fuertes en el alma, es lamentable aunque a la vez es razonable porque el enemigo sabe que le queda poco tiempo, lo que no es razonable es que si la Iglesia de Cristo también sabe que le queda poco tiempo, ¿por qué cae deliberadamente en los engaños de las tinieblas y a veces están jugando con la tentación pensando que no caerán en el pecado?, es por eso que Dios me ha llevado al estudio de esta temática y dejarlo todo por escrito en este libro como un recurso de los siervos de la última hora que pueden constituirse como los últimos que serán llamados primero pero si tienen problemas en su alma, serán dejados de último.

Una vez más te recuerdo que las operaciones satánica de lanzar tentaciones a tu vida, lo primero que afecta es la dopamina, de manera que si guardas silencio, puede ser una de las razones por las que no tienes confianza con nadie; peor aún, podría ser que la tentación está mermando toda protección que creas tener y ha empezado un deleite que crees poder controlar, pero es principalmente porque te gusta que te admiren, que atraes a otra persona, lo cual impacta en la dopamina.

La gente que siente que atrae miradas o atención, su dopamina está alterada ante lo cual lo que puedo decirte es que debes aprender a dominarte y/o aprender que necesitas ministrar tu alma, aunque eso te pueda crear cierta vergüenza; pero piensa que si no te da vergüenza que lo sepa Dios, ¿por qué te puede dar vergüenza que lo sepa otro mortal como tú?

En otras palabras, podría decir que es necesario ministrar tu dopamina y confesar qué es lo que te está provocando el hecho que tu dopamina está hirviendo de inquietud por las tentaciones del adversario porque quiere más y más estando al borde de la adicción porque está manipulando el sistema de recompensa de dopamina. Si no delatas lo que estás sintiendo en tu dopamina, pronto tendrás el alma adicta a sentires ilícitos delante de Dios.

Las Condiciones Del Cerebro De Un Adicto (Spect)

.- Las condiciones del cerebro de un adicto es por medio de un spect o tomografía computarizada por emisión de fotones individuales (en inglés single photon emission computed tomography)

.- Es una técnica médica de tomografía que utiliza rayos gamma.

.- Es muy parecida a una radiografía, pero utiliza una cámara sensible a los rayos gamma y no a los rayos X.

.- Como en una radiografía, cada una de las imágenes que se obtienen es bidimensional, pero pueden combinarse muchas imágenes tomadas desde distintas posiciones alrededor del paciente para obtener una imagen tridimensional.

.- Esta imagen tridimensional puede después manipularse informáticamente para obtener secciones dimensionales del cuerpo en cualquier orientación.

1 Pedro 5:8 Sed de espíritu **sobrio**, estad alerta. Vuestro adversario, el diablo, anda al acecho como león rugiente, buscando a quien devorar.

1 Pedro 4:7 Mas el fin de todas las cosas se acerca; sed, pues, **sobrios**, y velad en oración.

Sobrio: 3525 NEPHO: ser sobrio, no intoxicado, se refiere a tener la condición mental de juicio claro, no influenciado por intoxicantes, significa libre de ilusión.

Abstenerse de sustancias y de sensaciones que alteran el cerebro.

El Nacimiento De La Adicción

La pérdida del placer normal paradójicamente conduce a la búsqueda del placer excesivo y eso da lugar a la adicción de otras cosas. La adicción nace cuando la persona ha empezado a perder el poder del placer natural que Dios ha diseñado en cada persona.

Los peligros del desequilibrio del placer

.- Estar por encima del nivel del placer.
.- Estar por debajo del nivel del placer.
.- Tener el placer escondido.

Definiendo Los Placeres

Es necesario conocer cuando es origen etimológico del término placer. En este sentido, se puede decir que emana del latín, concretamente del verbo placere, que puede traducirse como gustar. Placer es un concepto que refiere al deleite o regocijo que se experimenta al hacer o lograr alguna cosa que provoca agrado.

Sinónimos: Placer, deleite, gusto, delicia, apetito.

La Bioquímica Del Placer

¿Cómo se define?

El placer se puede definir como un sentimiento positivo, agradable que se manifiesta en un individuo consciente de manera natural cuando satisface plenamente alguna de sus necesidades, por ejemplo, beber cuando se tiene sed, comer cuando se está hambriento, dormir cuando estás cansado, diversión para el aburrimiento y conocimientos o cultura para la ignorancia, la curiosidad y la necesidad de desarrollar las capacidades.

Los peligros

El abuso reiterado de los placeres puede alienar de forma exclusiva y mecanizar la conciencia humana, causando diversos trastornos compulsivos de la conducta.

Las adicciones

La drogodependencia, el alcoholismo, el tabaquismo o la ingesta compulsiva de alimentos, es el lado oscuro del placer.

¿Por qué es bioquímica?

Por las sustancias responsables del placer, las cuales podrían ser la dopamina, endorfinas, oxitocina y serotonina, entre otras. Es decir, los químicos del cerebro del placer, llamados también químicos recompensadores del placer.

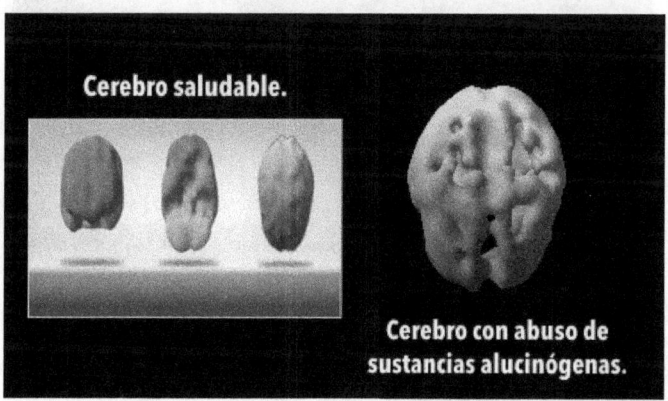

.- Todas las adicciones cambian el cerebro de las personas y las afectan de varias formas.

.- En una imagen del cerebro cuando ha sido dañado, podrías apreciar agujeros causados por el daño que causan las adicciones.

.- Los agujeros son el fluido bajo sanguíneo.

.- Esto produce dolor de cabeza, no puede pensar normalmente la persona, afecta sus juicios, su comportamiento.

.- Con el pasar de los años, el daño en el cerebro es mayor, llega a parecerse a una uva argeñada y cada vez con menos capacidad de su proceso normal.

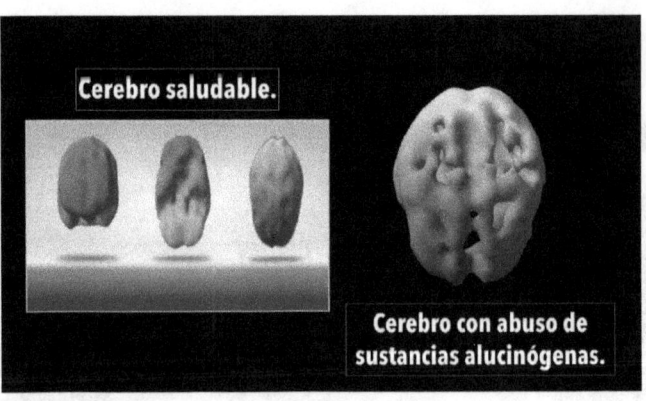

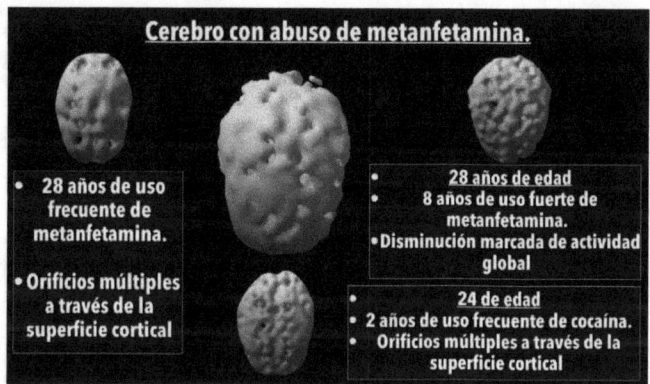

Efectos del alcohol a largo plazo

.- Cuando haces la comparación del efectos del consumo de drogas y abuso de alcohol, y ves otro cerebro con un año libre del alcohol y de otras sustancias, es asombroso.

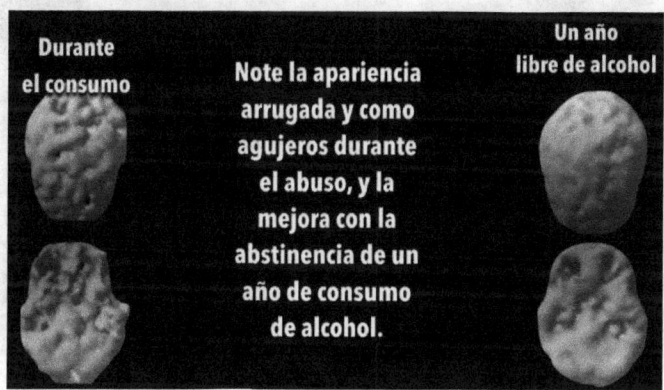

.- Los agujeros y la apariencia arrugada durante el abuso y la mejora con la abstinencia de un año de consumo de alcohol, son muy marcados.

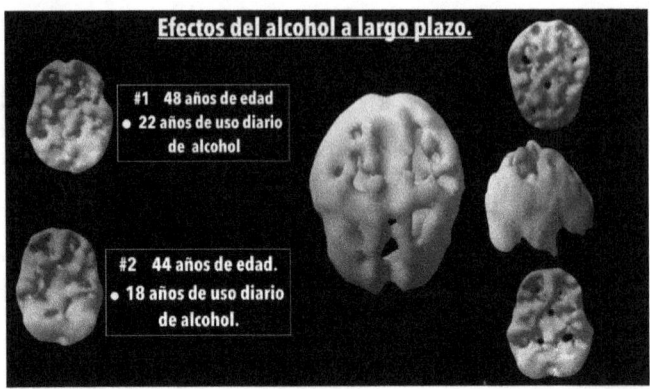

Los efectos de fumar marihuana

.- Los efectos de fumar marihuana típicamente, causan disminución de la actividad en el lóbulo posterior bilateral.

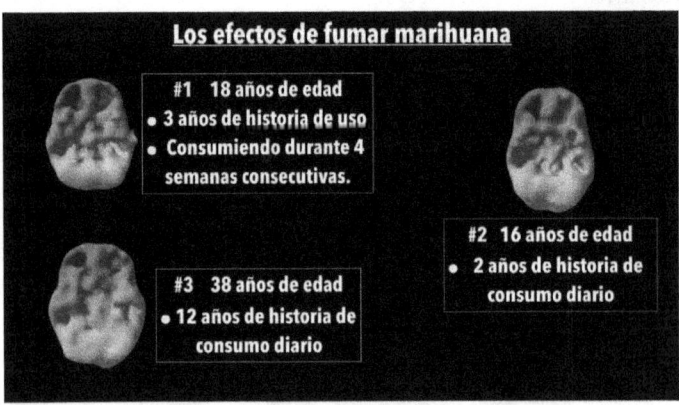

.- El daño puede ser leve o severo, dependiendo del tiempo que una persona consume la droga.

El abuso de heroína y metadona

.- Es una sustancia sintética derivada del opio, controlada por las autoridades sanitarias de distribución restringida.

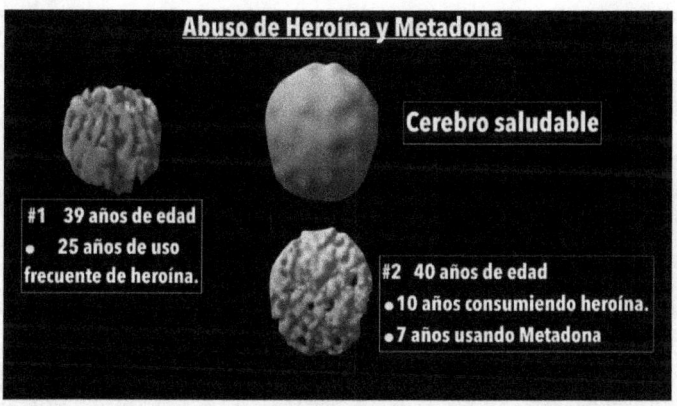

¿Para qué se usa la metadona?

.- Se utiliza en programas especiales para el tratamiento de la dependencia a la heroína.

.- Neutraliza la euforia de la heroína y evita la aparición del síndrome de abstinencia.

.- Inicialmente se suministran a los adictos, dosis diarias equivalentes a su consumo de heroína, con el fin de retirar al adicto lentamente de la heroína ilegal inyectable y luego introducir dosis reducidas de metadona por vía oral.

.- Cuando se analiza un cerebro afectado por la heroína, se puede ver la igualdad de daño con la adicción por la pornografía.

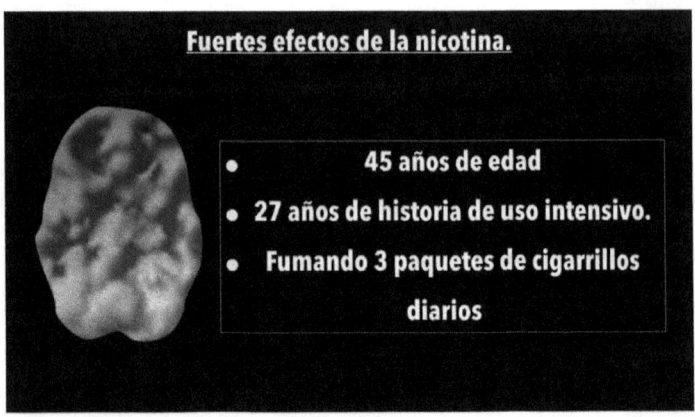

La esperanza de vida en Cristo Jesús

.- Los daños en el cerebro son lo que los ojos naturales no han podido ver, pero el daño existe con una sola esperanza.

.- La buena noticia es que las personas pueden ser libres si tienen el tratamiento adecuado, especialmente si alcanzan el conocimiento para alcanzar ese estado de libertad.

Las Batallas Contra Las Adicciones

Pornografía

.- Cuando alguien mira pornografía, lo primero que pasa es que la imagen queda impresa en el cerebro.

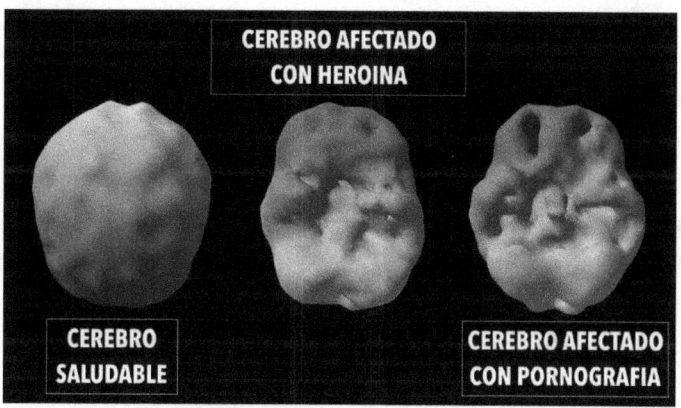

.- Lo segundo es que el cerebro repite la imagen de manera involuntaria sin importan donde se encuentra, puede ser en la Iglesia, el hogar, el trabajo, el centro de estudios, etc.

✶ Porque ha quedado codificado en el cerebro.
✶ Esto es posible porque hay una amígdala que sirve como centro emocional de la memoria.

.- La gente vuelve a buscar de nuevo más imágenes en busca de ese placer que la dopamina le produjo a la imagen de la pornografía.

.- El cerebro piensa que la persona literalmente está teniendo esa relación.

✸ Es decir los ojos miran la imagen o la escena sexual y el cerebro no distingue que es un video, sino que, piensa que literalmente esta teniendo esa relación.

✸ Esto es lo que les causa un gran daño en el cerebro.

.- La pornografía lo que produce en una persona casada, es la primera faceta de la infidelidad, la cual es la infidelidad de intimidad emocional, no infidelidad de intimidad sexual, esta sería la segunda faceta.

✸ Esto lo dijo el Señor Jesucristo; las leyes terrenales no lo consideran así, pero la ley de Dios si.

Mateo 5:28 (LBA) Pero yo os digo que todo el que mire a una mujer para codiciarla ya cometió adulterio con ella en su corazón.

✸ El apóstol Pedro hizo mención de eso también.

2 Pedro 2:14 (LBA) Tienen los ojos llenos de adulterio y nunca cesan de pecar; seducen a las almas inestables; tienen un corazón ejercitado en la avaricia...

Hechos 10:38 (LBA) Vosotros sabéis cómo Dios ungió a Jesús de Nazaret con el Espíritu Santo y con poder, el cual anduvo haciendo bien y sanando a todos los oprimidos por el diablo; porque Dios estaba con Él.

¿Cómo opera la pornografía en la imaginación?

Primer faceta: cuando una persona mira una imagen sea de violencia o sexual, su mente entrará en un estado de vivir ese momento, lo que le provocará excitación.

.- El cerebro empieza a segregar varias sustancias, una es la epinefrina, son catecolaminas es decir neurotransmisores.

.- Esas sustancias toman la imagen que se está viendo y la graban en el cerebro.

Lo sella y no se pueda olvidar

Esta es la primera faceta, no se puede olvidar.

.- Humanamente hablando no se puede olvidar.

.- Solamente Dios puede ayudar por medio de una liberación.

Segunda faceta: la siguiente faceta es que la persona continúa viendo más y más, con eso se está haciendo más profunda la imagen.

.- Después se forma en la mente como una filmoteca de todas las imágenes que ha visto.

.- A estas alturas la persona ya está llena de tinieblas, lo siguiente es que va continuar yéndose en ese agujero hasta crear o formar dentro de la mente una resistencia que le exige seguir consumiendo o viendo más altas dosis de pornografía.

Resistencia creada en la mente: la persona entra en una desesperación por la pornografía porque tiene una resistencia.

Filmoteca Mental

La repetición es como un bombardeo de imágenes con la intención de desgaste y de llevar a pecar al cristiano.

✳ Durante la tentación, es como colocar una gran cantidad de películas o vídeos en la mente lo que he llamado filmoteca.

Tercer faceta: la imaginación funciona torcida, perversa y empieza a ver cosas más allá de una desnudes, por ejemplo, comienza a ver homosexualismo, lesbianismo, bestialismo, violaciones, etc.

La última faceta: es llevar a la práctica todo aquello con lo que fue lleno de pornografía bajo la influencia de un espíritu de las tinieblas.

.- Cuando se llega a esto es como caer en un barranco que no deja de despeñarse cada vez más y más.

.- Si la gente no busca la ayuda, nunca podrá por sí mismo dejar eso.

.- Mucha gente ha caído en esto y no busca ayuda.

.- Dios te puede sacar de ahí con una ministración y liberación del alma.

.- El diablo quiere llenar de tinieblas para descalificar al creyente y pierda el arrebatamiento y vaya a la tribulación.

La Rehabilitación Del Alma

Para rehabilitarse se requiere de abstenerse por 364 días, es decir, desconectado de la fuente de la adición, ¿por qué?, por el siguiente análisis de gematría bíblica:

En Hebreo, el valor numérico de la palabra Satán es 364

(múltiplo de 13 es decir 13 X 28 = 364 o 13 + 13 + 13 + 13...(28 veces = 364)

Gematría bíblica es la interpretación de una palabra a través de valores numéricos; de ahí entonces que la rehabilitación es en 1 año porque la persona está influenciada por Satán en un estigma numérico.

La Memoria De Los Placeres

El hombre fue diseñado por Dios para experimentar legítimamente placer, sin embargo, Dios le puso límites al placer para poder discernir su legitimidad; pero ignorarlos, le ha llevado a tener un costo muy alto; de tal manera que el placer puede llegar a hacer algo que se puede alcanzar, pero de manera ilegítima; basado en esto fue todo el desvío que comenzó en el huerto del Edén.

H5730 éden: placer: deleite, delicadeza, delicia. Véase también H1040.

El placer no sólo te dice que es una delicia o placentero, sino que te gusta más.

Cantares 8:4 (PDT) Mujeres de Jerusalén, júrenme por lo que más quieran, que no molestarán al amor, **que no lo despertarán hasta que sea el momento indicado**.

Este pasaje deja ver el peligro que todo ser humano vivirá al experimentar un romanticismo o amor prematuro.

Otros pasajes que dicen lo mismo son:

Cantares 3:5 Yo os conjuro, oh hijas de Jerusalén, por las gacelas o por las ciervas del campo, que **no levantéis ni despertéis a mi amor, hasta que quiera**.

El asunto aquí es, quién despierta el placer, quién lo enseña, quién despierta el deleite o el gusto.

Otros placeres:

drogas, alcohol, comidas, hábitos, deportes, etc.

La química del placer

Hay 2 facetas en esto, explicare cómo trabaja esto para poder aprender a discernir los placeres que tienes y hacer lo que la Biblia revela y no caer en los placeres ilegítimos de los días finales que alejan de Dios o para ser libre de los ciclos negativos de los placeres negativos.

1.- El aprendizaje del placer:

Esto significa:

¿Quién te enseñó de ese placer?
¿Quién lo activó?
¿Quién lo descubrió?
¿Quién lo estableció en tu vida?

El aprendizaje del placer, es también conocido como gustos entrenados:

Primero viene el aprendizaje de los gustos, según la historia personal de cada uno: necesito comer, disfrutar aquello, etc.

Segundo: después viene lo que se dice: creo que es sabroso para probar.

Génesis 3:11-12 Y le dijo Dios: ¿Quién te enseñó que estabas desnudo? ¿Has comido del árbol de que yo te mandé no comieses? ¹² Y el hombre respondió: La mujer que me diste por compañera me dio del árbol, y yo comí.

.- Cada placer crea una memoria y al recordarlo produce regocijo, así es como el cuerpo experimenta esas emociones que, a largo plazo, entrenan las preferencias y gustos de cada persona.
.- Aprender y retener lo aprendido está relacionado con el placer.

.- Recuerdas un placer porque la dopamina activa al hipocampo para que lo archive.

.- Se convierte en otra parte llamada, la necesidad primitiva del placer.

.- El hombre y la mujer al casarse y tener su primer encuentro íntimo, crean apetitos sexuales normales.

.- Una relación de intimidad antes del matrimonio crean apetitos, la mujer al hombre y el hombre a la mujer, pero empezando a formar adicción.

.- Las consecuencias será tener el deseo muy alto, porque tiene la lascivia, la concupiscencia, los placeres de otra persona que convenció primeramente al acto ilícito, porque quien te convenció, te creó los placeres.

.- Significa que a las personas que les formaron su apetito sexual, tarde o temprano, si no cambian su medida de placer, correrán el peligro de desear un placer más alto, es decir, no se conformará con su relación actual y decidirá probar otra y otra y otra.

2.- La necesidad primitiva del placer:

Son los gustos que siempre buscarás, asociarás y de alguna manera darán como el apetito a ciertas cosas.

.- Cuando no se disciernen los placeres, pueden ser la causa de que alguien esté repitiendo un placer ilegitimo y viviendo así en un ciclo de pecados.

.- El engaño es que todo placer se mantiene sólo por escasos minutos tras experimentar de una situación particular.

.- Pero para llegar a este estado de exaltación, han sucedido diferentes procesos en el cerebro, conscientes e inconscientes.

.- La dopamina es el químico que invita a la repetición del placer.

Adictos A Sensaciones Equivocadas

Dopamina, adicciones y motivación

.- La dopamina no sólo es la culpable de las adicciones, si no que, tiene que ver con las motivaciones y sensaciones.

.- La dopamina hace que se almacenen recuerdos a través de las emociones.

Típicamente

Interviene en procesos de memoria y aprendizaje porque regula la duración de los recuerdos.

La dopamina es la responsable en el control de las emociones, que comunica con zonas encargadas de la memoria, como el hipocampo.

La predilección por las emociones fuertes puede estar relacionado con la dopamina.

Tanto es así que, la cantidad de dopamina en el cerebro está relacionada con emociones como la ira, el placer o el miedo, etc.

La dopamina interviene en la predilección por las emociones fuertes.

Los Principios Del Discernimiento Del Placer

Placeres legítimos

.- Todo aquello que te sacia.
.- Te produce placer.
.- Te gusta pero que no te distrae.
.- No te desarma, ni te debilita espiritualmente.
.- No lleva a pecar contra Dios.
.- No te desenfoca de tu objetivo final, ni cambia tu destino, ni afecta el propósito de Dios para tu vida, todo eso es es un placer legítimo.

.- Tener placer sin debilitar tu espíritu, ni desenfocarte de lo que Dios te ha encomendado, es placer legítimo.

.- Tienes que saber tu meta final o destino para discernir si el placer es legítimo o no.

Jueces 7:4-7 Y el SEÑOR dijo a Gedeón: Todavía el pueblo es demasiado numeroso; hazlos bajar al agua y allí te los probaré. Y será que de quien yo te diga: «Este irá contigo», ese irá contigo; pero todo aquel de quien yo te diga: «Este no irá contigo», ese no irá. **5** E hizo bajar el pueblo al agua. Y el SEÑOR dijo a Gedeón: Pondrás a un lado a todo aquel que lamiere el agua con su lengua, como lame el perro, y a todo el que se arrodille para beber. **6** Y fue el número de los que lamieron, poniendo la mano a su boca, trescientos hombres; pero todo el resto del pueblo se arrodilló para beber. **7** Entonces el SEÑOR dijo a Gedeón: Os salvaré con los trescientos hombres que lamieron *el agua* y entregaré a los madianitas en tus manos. Que todos los *demás* del pueblo se vayan, cada uno a su casa.

Placeres ilegítimos

.- Todo placer que ponga en peligro la vida de otros.
.- La integridad.
.- El oficio, el llamado.
.- La reputación.
.- El riesgo del derecho de la felicidad.

.- Nunca desees ir tras el placer que pone en peligro la vida de otros y de su familia.
.- Si lo haces es placer ilícito, es un placer egoísta, no te pertenece.

2 Samuel 23:15-17 David sintió un gran deseo, y dijo: ¡Quién me diera a beber agua del pozo de Belén que está junto a la puerta! **16** Entonces los tres valientes se abrieron paso por el campamento de los filisteos, y sacando agua del pozo de Belén que *estaba* junto a la puerta, *se la* llevaron y *la* trajeron a David; pero él no quiso beberla, sino que la derramó para el SEÑOR, **17** y dijo: Lejos esté de mí, oh SEÑOR, que yo haga esto. ¿*Beberé* la sangre de los hombres que fueron con *riesgo de* sus vidas? Por eso no quiso beberla. Estas cosas hicieron los tres valientes.

Hoy la invitación a tu vida es, a no quedarte callado con nada; con la mínima sensación que puedas tener en tu alma, aquello con lo que sepas que estás ofendiendo a Dios; es mejor que busques ayuda, que busques ministración del alma y de esa manera los esquemas de las tinieblas contra tu vida, quedaran sin fuerza porque el adversario habrá perdido el elemento sorpresa en una batalla en tu contra.

Biblioteca De Guerra Espiritual Para Combatientes De Liberación

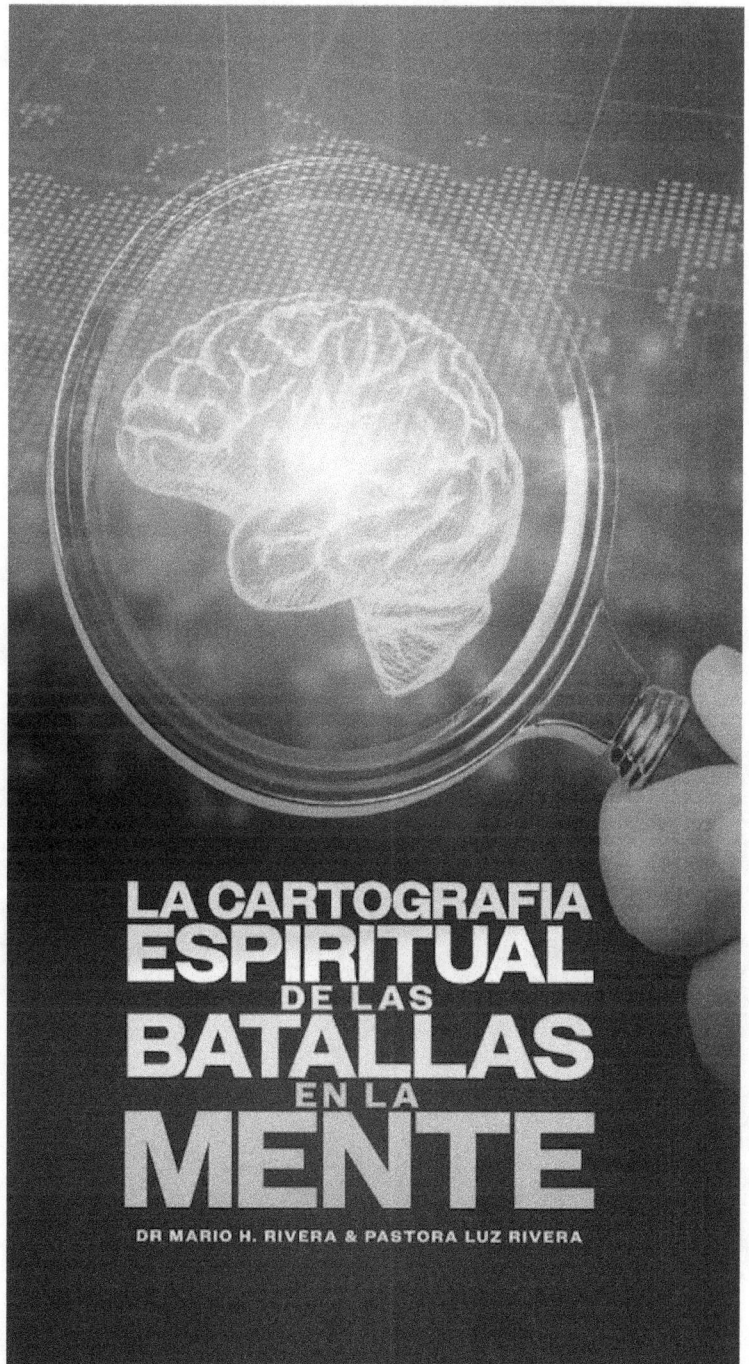

ESCUELA DE INTERCESORES
SEGUNDO NIVEL

DR MARIO H. RIVERA

ESCUELA DE INTERCESORES
PRIMER NIVEL

APOSTOL MARIO H. RIVERA

Biblioteca de Guerra Espiritual

Serie: Equipamiento Integral
Para Combatientes De Liberación #9

LA PALESTRA DEL
GUERRERO
ESPIRITUAL

Dr. Mario H. Rivera
Pastora Luz Rivera

Llamados a Conquistar

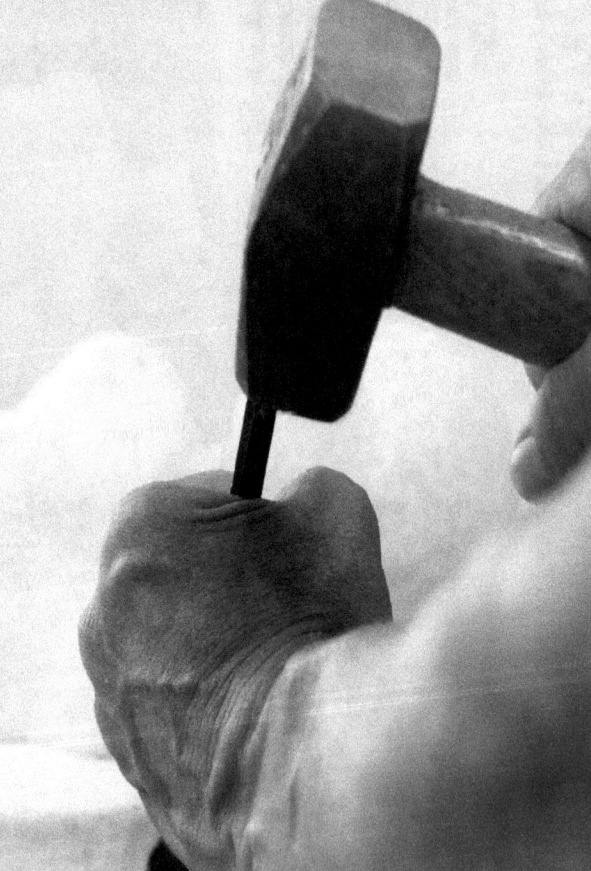

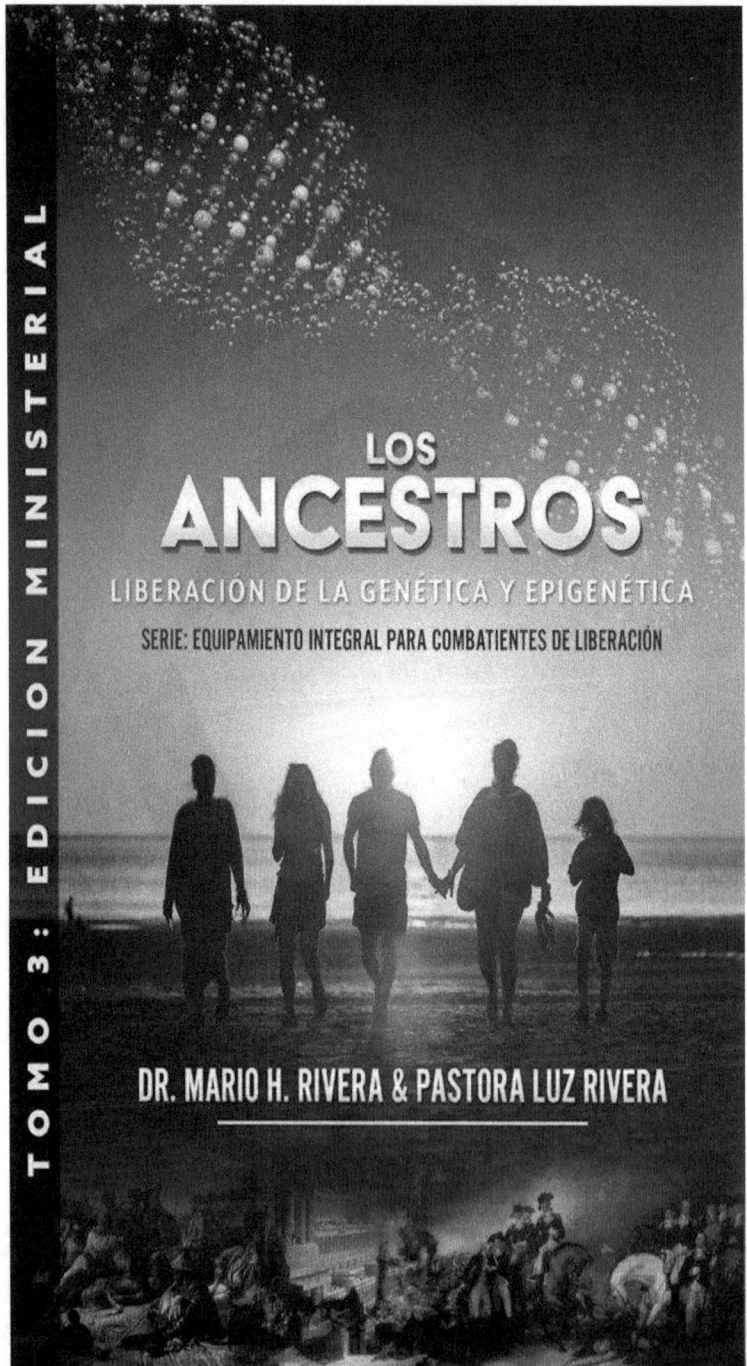

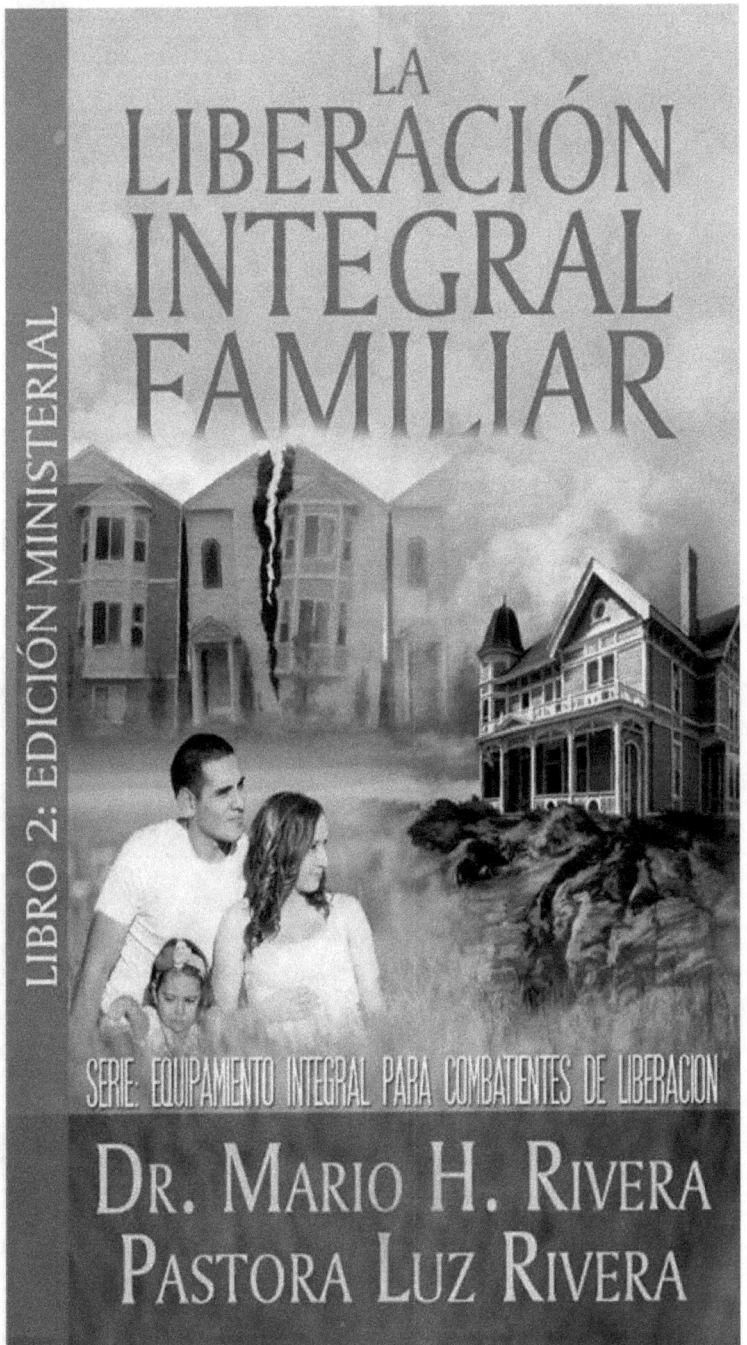

www.ingramcontent.com/pod-product-compliance
Lightning Source LLC
Chambersburg PA
CBHW071332150426
43191CB00007B/706